Verhandlungen, Mitteilungen

und

Berichte

des

Centralverbandes Deutscher Industrieller.

№ 107.

Herausgegeben

von

H. A. Bueck, geschäftsführendem Mitglied im Direktorium,
Berlin W., Karlsbad 4a.

Telephon: Nr. 2527, Amt VI

November 1907.

Berlin 1907.
J. Guttentag, Verlagsbuchhandlung,
G. m. b. H.

Versammlung des Ausschusses und der Delegierten des Centralverbandes Deutscher Industrieller zu Berlin am 28. Oktober 1907.

Inhaltsverzeichnis.

Sitzung des Ausschusses

am 28. Oktober 1907, vormittags 9½ Uhr, zu Berlin im Künstlerhause.

Der Vorsitzende, Hüttenbesitzer **R. Vopelius**-Sulzbach, Mitglied des Herrenhauses, begrüßt die zahlreich erschienenen Mitglieder des Ausschusses namens des Direktoriums des Centralverbandes. Wie sie schon aus der Tagesordnung wüßten, sei heute ein bedeutsamer Tag für den Centralverband. In die Tagesordnung eintretend, konstatiert der Vorsitzende, daß zu Punkt I der Tagesordnung:

Geschäftliche Mitteilungen

bis jetzt nichts vorliegt und auch seitens der Mitglieder des Ausschusses nichts beantragt wird. Zu Punkt II:

Bericht über die Revision der Rechnung des Jahres 1906

bemerkt Herr Vopelius, daß die Mitglieder der Prüfungskommission für die Jahresrechnung, die Herren Baurat Max Krause-Berlin, van den Wyngaert und Generaldirektor Werminghoff die Rechnungen am 7. Mai geprüft und richtig befunden, und die Entlastung für die Rechnung des Jahres 1906 erteilt haben. Ein Widerspruch wird nicht erhoben, damit ist auch dieser Punkt der Tagesordnung erledigt. Ebenso wird ohne Debatte in Punkt III der Tagesordnung der

Voranschlag für das Jahr 1908

genehmigt. Zu Punkt IV:

Neuwahl von Mitgliedern in den Ausschuß

erklärt der Vorsitzende: Es bestehen zwei Arten von Ausschußmitgliedern, einesteils solche, welche von der Delegiertenversammlung gewählt sind, sowie die Stellvertreter von solchen Herren, und dann solche, welche durch den Ausschuß selbst kooptiert worden sind. Eine große Reihe ist kooptiert, wohl schon einige dreißig. Das Direktorium schlägt folgende Herren zur weiteren Kooptation vor:

1. Herrn Dr.-Jng. Klemme in St. Avold. — Herr Klemme war, wie Sie sich erinnern, früher im Aachener Bezirk und ist nach Lothringen verzogen.
2. Herrn Kommerzienrat A. Schroers, Crefeld, Vorsitzenden des Vereins der Deutschen Textilveredlungsindustrie.
3. Herrn Geh. Kommerzienrat Karl Haas, Waldhof b. Mannheim, ersten stellvertretenden Vorsitzenden des Vereins Deutscher Zellstofffabrikanten.
4. Herrn Baurat Beukenberg, Hoerde.
5. Herrn Professor Budde, Direktor der Aktien-Gesellschaft Siemens & Halske, Berlin.
6. Herrn Geheimen Kommerzienrat Goldberger, Vorsitzenden der Ständigen Ausstellungskommission, welche, wie Sie ja wissen, ein Annex vom Centralverband oder besser von der Interessengemeinschaft ist.

Ohne Widerspruch werden die vorgenannten Herren in den Ausschuß kooptiert.

Es folgt V., die

Neuwahl der aus drei Personen bestehenden Prüfungskommission der Jahresrechnung.

Die Herren Baurat Max Krause, Direktor van den Wyngaert und Generaldirektor Werminghoff werden gemäß dem Vorschlag des Direktoriums wiedergewählt.

Zu Punkt VI der Tagesordnung:

Die Reorganisation des Krankenkassenwesens

bittet der Vorsitzende Herrn Generalsekretär Bueck das Wort zu nehmen.

Herr Bueck erklärt, daß er im Hinblick auf das von ihm in der Delegiertenversammlung zu erstattende Referat, jetzt nur einige Gesichtspunkte hervorheben wolle. Die vorige Novelle zur Krankenversicherung hat Enttäuschung gebracht; aber die Regierung versprach schon damals, eine neue Vorlage in Angriff zu nehmen. Die Organisation der Ortskrankenkassen ist eine der intensivsten Stützen, eines der schlimmsten Machtmittel der Sozialdemokratie geworden. Das einzige Mittel, die dort herrschende Sozialdemokratie zurückzudrängen, ist die Hälftelung der Beiträge und dementsprechend die Hälftelung der Stimmen. Die Bereitwilligkeit der Industrie, statt bisher ein Drittel, künftig die Hälfte der Beiträge zu zahlen, würde die Regierung in ihrem Vorgehen stützen. Deshalb beantragt das Direktorium die Uebernahme eines weiteren Sechstels der gesamten Kosten. Der Delegiertenversammlung werde noch betreffs anderer kommender sozialpolitischer Gesetzentwürfe vorgeschlagen, schon jetzt unter gewissen Bedingungen die Zustimmung zu geben, und sich bereit zu erklären, die entsprechenden Opfer zu übernehmen; mit der Absicht, vor aller Welt zu verkünden, daß der Centralverband Deutscher Industrieller durchaus nicht den Stillstand der sozialpolitischen Gesetzgebung verlangt, sondern nach wie vor bereit ist, diese zu fördern. Geschieht dies, so kann um so energischer gegen extreme sozialistische Forderungen protestiert werden. Das Direktorium habe es für richtig gehalten, daß solchem Protest die Erklärung zur positiven, opferwilligen Mitwirkung vorangehen müsse.

Der Vorsitzende teilt mit, daß zur

Reorganisation der Krankenkassen

Herr Finanzrat Klüpfel und Herr Dr. Beumer gebeten seien, das Referat zu übernehmen und daß folgender Antrag vom Direktorium zur Annahme gestellt wird:

> „Die Mißstände in der Verwaltung der Ortskrankenkassen, die sich in zahlreichen Orten zu einer Hauptstütze der Sozialdemokratie entwickelt haben, sind seit langem in der Industrie, insbesondere im Centralverband Deutscher Industrieller, mit ernster Aufmerksamkeit verfolgt worden; sie haben Anlaß zu Erwägungen geboten, wie diesen Mißständen abzuhelfen sei. Als letzter Grund für die Machtstellung der Sozialdemokratie in den Ortskrankenkassen und teilweise auch in den Betriebs- und Innungskrankenkassen zeigt sich dabei immer wieder die Verteilung des Stimmenverhältnisses zwischen den Arbeitern und den Arbeitgebern, die diese von vornherein zu dauernder Ohnmacht gegenüber den sozialdemokratisch beeinflußten Arbeitervertretern verurteilt. Im Centralverbande besteht aber auch darüber volle Klarheit, daß eine Aenderung dieses Stimmenverhältnisses, ohne gleichzeitige Aenderung des Beitragsverhältnisses der Arbeitgeber und Arbeitnehmer zu den Krankenkassen, unmöglich ist. Daher erklärt sich der Centralverband namens des von ihm vertretenen größten und bedeutendsten Teiles der deutschen Industrie bereit, die Hälfte der Gesamtbeiträge zu den Krankenkassen, anstatt des bisherigen

Drittels zu übernehmen, sofern die Verbündeten Regierungen der Industrie die Sicherheit geben wollen, daß in dem Gesetzentwurf über die Reform der Krankenkassen

1. der Fortbestand der Betriebskrankenkassen wesentlich in demselben Umfange wie in der Gegenwart unter Aufrechterhaltung der Vorschriften des § 64, 1—5 des K. V. G. anerkannt wird;
2. in den Ortskrankenkassen und Betriebskrankenkassen Arbeitgeber und Arbeitnehmer in den Vorständen und Generalversammlungen je die Hälfte der Stimmen führen;
3. in den Betriebskrankenkassen der Fabrikbesitzer den Vorsitz führt, in den Ortskrankenkassen ein von einer hierzu geeigneten Behörde zu bestellender unparteiischer Vorsitzender die Verhandlungen leitet und mit dem Rechte ausgestattet wird, bei Stimmengleichheit den Ausschlag zu geben;
4. eine Sicherung der Aerzte und Apotheker gegen unbillige Anforderungen der Krankenkassen erfolgt, andererseits aber auch die öffentlich rechtliche Stellung der Krankenkassen gegenüber unbilligen Anforderungen der Aerzte und Apotheker Schutz findet. Insbesondere erklärt sich der Centralverband gegen die zwangsweise Einführung der freien Aerztewahl und wünscht jedenfalls die Erhaltung der Möglichkeit, die sogenannte beschränkt freie Aerztewahl einzuführen, die sich bei den Betriebskrankenkassen bewährt hat."

Berichterstatter, Finanzrat **Klüpfel**-Essen: Meine Herren, wie Ihnen bekannt ist, stehen wir vor einer neuen Novelle zum Krankenversicherungsgesetz, welche voraussichtlich bedeutende Aenderungen in der Organisation des Krankenkassenwesens bringen wird. Wie die gegenwärtige gesetzliche und tatsächliche Lage der Krankenversicherung ist, ist Ihnen ja bekannt, doch möchte ich mit ein paar Worten darauf eingehen.

Von der Gesamtheit der der Krankenversicherung unterliegenden Personen, im ganzen 11½ Millionen im Jahre 1905, kamen ungefähr 5350000 auf die Ortskrankenkassen, 1½ Millionen auf die Gemeindekrankenversicherung, annähernd 2700000 auf die Betriebskrankenkassen; der Rest mit rund 2 Millionen entfiel auf die Innungs-, Knappschafts- und Bau-Krankenkassen und die Hilfskassen. Als die eigentlichen Träger der Krankenversicherung sind die Ortskrankenkassen und die

Betriebskrankenkassen zu bezeichnen, die zusammen über 8 Millionen der Versicherten umfassen. Die Gemeindekrankenversicherung sollte nur subsidiär in Betracht kommen; der bedeutende Umfang, den sie hat, ist zum großen Teil aus dem Fortbestehen der schon vor dem Krankenversicherungsgesetz in Tätigkeit gewesenen landesrechtlichen Gemeindeversicherungen zu erklären. Die übrigen Kassenarten, Hilfs-, Innungs-, Knappschafts- und Bau-Krankenkassen sind Sonderorganisationen, die schon vor dem Krankenversicherungsgesetz bestanden.

Für die Industrie kommen hauptsächlich die Betriebskrankenkassen in Betracht. Sie haben auch großenteils schon vor dem Krankenversicherungsgesetz bestanden und haben sich in der langen Zeit ihrer Wirksamkeit als Träger der Krankenversicherung gut bewährt. Sie haben sich als besonders leistungsfähig erwiesen; sie leisten im ganzen mehr als die Ortskrankenkassen und gewähren in besonders großem Umfange auch den Angehörigen der Versicherten freie ärztliche Behandlung, teilweise auch freie Arznei. Die Verwaltung, die auf Kosten des Betriebsunternehmers erfolgt, ist eine besonders wirtschaftliche, einfache und zweckmäßige; die finanzielle Fundierung eine durchaus gesicherte. Trotz dieser Vorzüge werden aber die Betriebskrankenkassen stark angefeindet; es geht dies namentlich von den unter sozialdemokratischem Einfluß stehenden Ortskrankenkassen aus, die sich als die eigentlichen Träger der Krankenversicherung aufspielen und für gänzliche Beseitigung der Betriebskrankenkassen agitieren. Aber auch in anderen Kreisen besteht eine den Fabrikkrankenkassen wenig günstige Stimmung, die aus der weitverbreiteten, den Unternehmern feindlichen doktrinären Auffassung zu erklären ist, welche den Begriff und Wert der Freiheit und Ungebundenheit auf seiten des Arbeiters überspannt und jede Einrichtung als schädlich betrachtet, die Arbeitgeber und Arbeiter zusammenführt und zu einer gewissen Bindung der Arbeiter beiträgt.

Die Anfeindung der Betriebskrankenkassen gründet sich auch zum Teil auf die Pläne der Zusammenlegung sämtlicher Versicherungsarten. Die Anhänger dieser Zusammenlegung sind den Betriebskrankenkassen deshalb feindlich, weil sie sie als ein Hindernis für die organische Verbindung der Krankenkassen mit den anderen Einrichtungen betrachten. Die Industrie muß, abgesehen von den Vorzügen der Betriebskrankenkassen in Beziehung auf Leistung und Verwaltung, gerade aus dem Grunde Wert auf die Erhaltung der Betriebskrankenkassen legen, weil diese Einrichtung ein Bindeglied zwischen den Unternehmern und den Arbeitern bildet, das auch vom allgemeinen Standpunkte aus seinen Wert für die Industrie hat.

Unternehmer und Arbeiter wirken hier auf neutralem Boden zusammen, um in gemeinsamer Arbeit Aufgaben zum Besten der Versicherten zu lösen, und man kann wohl sagen, daß im allgemeinen dieses Zusammenarbeiten in gutem Einvernehmen erfolgt und ein wertvolles Band zwischen beiden Teilen bildet, das an vielen Stellen über die direkte Aufgabe der Krankenfürsorge hinaus wirkt.

Die Anfeindungeu der Betriebskrankenkassen haben in neuester Zeit zur Bildung von Vereinigungen zum Schutz der Betriebskrankenkassen geführt. Ein schon vor drei Jahren gebildeter rheinisch-westfälischer Verband hat in dieser Richtung gewirkt und in den letzten Monaten auch das Zustandekommen eines allgemeinen deutschen Verbandes betrieben, dessen Konstituierung voraussichtlich morgen in einer zu diesem Zweck veranstalteten größeren Versammlung hier in Berlin stattfinden wird. Meiner Tätigkeit in diesen Verbänden verdanke ich es auch, daß mir vom Centralverband der ehrenvolle Auftrag geworden ist, Ihnen heute dieses Referat vorzutragen.

Was nun die innere Organisation der Krankenkassen betrifft, so überwiegen in dieser Organisation die Arbeiter. Die Arbeiter zahlen zwei Drittel der Beiträge, der Unternehmer ein Drittel. Demgemäß ist auch das Stimmrecht im Vorstand und in der Generalversammlung geordnet. In der langjährigen Entwickelung des Krankenkassenwesens hat dies nun dazu geführt, daß die Ortskrankenkassen ganz unter sozialdemokratischen Einfluß gekommen sind. Die Leitung ist sozialdemokratisch, die zahlreichen Beamtenstellen der Kassen sind mit Sozialdemokraten besetzt, die zugleich bezahlte Agitatoren der Sozialdemokratie sind und durch ihre Einwirkung auf die mit ihnen in engster Berührung stehende Arbeiterschaft ein mächtiges Element zur Förderung der Sozialdemokratie und ihrer Macht bilden. Bei den Betriebskrankenkassen, deren Statut von dem Betriebsunternehmer errichtet wird und deren Vorsitzende von dem Betriebsunternehmer bestellt werden, hat die Sozialdemokratie natürlich nicht in gleicher Weise Wurzel fassen können; man kann wohl sagen, daß zur Zeit noch die Verhältnisse bei den Betriebskrankenkassen günstig liegen und der Einfluß des Betriebsunternehmers wirksam ist. Immerhin sind auch die Betriebskrankenkassen durch die gesetzliche Festlegung des Ueberwiegens des Arbeiterelementes gefährdet. Nach meinen Erfahrungen dringen sozialdemokratische Einflüsse immer mehr auch bei den Betriebskrankenkassen ein, und das gute Verhältnis zwischen den beiden Elementen hat in diesen Kassen ebenfalls angefangen zu leiden. Es zeigt sich dieses namentlich in einem fortwährenden Drängen auf Erhöhung der Leistungen, die die Arbeiter einseitig, ohne daß sie eine Verständigung mit dem Betriebsunternehmer nötig haben, vornehmen können. Es gehört zu den Agitationsmitteln für die Sozialdemokratie bezw. die Gewerkschaften, immer neue Forderungen auf Erhöhung der Leistungen zu stellen und durchzudrücken. Das Gesetz zieht zwar in dieser Beziehung gewisse Grenzen; es sind gewisse Erweiterungen der Leistungen an das Vorhandensein des gesetzlichen Reservefonds gebunden, und eine gewisse Beitragshöhe (3 pCt. der Löhne der Versicherten) darf nicht ohne Zustimmung des Arbeitgebers überschritten werden, aber innerhalb dieser ziemlich hochgezogenen Grenzen können die Arbeiter einseitig, ohne nach dem Betriebsunternehmer zu fragen, Leistungen und Beiträge erhöhen.

Es steht nun nicht etwa in der Macht des Betriebsunternehmers, sich durch Uebernahme eines größeren Anteils an den Beiträgen einen größeren Einfluß zu verschaffen. Das Gesetz spricht die Verteilung der Stimmrechte zu $^2/_3$ für die Arbeiter und $^1/_3$ für den Unternehmer nicht lediglich als Folge der entsprechenden Beitragsverteilung aus, sondern bestimmt absolut, daß der Arbeitgeber nicht mehr als ein Drittel Stimmrecht haben kann. Nur bei den Innungskrankenkassen ist in dieser Beziehung eine Ausnahme gemacht; bei ihnen hat es die Innung in der Hand, durch Uebernahme der Hälfte der Beiträge auch sich die Hälfte der Stimmen in Vorstand und Generalversammlung zu verschaffen.

Bei den Knappschaftskassen ist durch ein in diesem Jahre erlassenes Gesetz die Gleichteilung der Beiträge zwischen den Arbeitgebern und den Arbeitern eingeführt. Das Gesetz tritt am 1. Januar nächsten Jahres in Kraft.

Wenn man die ganze Entwickelung des Krankenkassenwesens in der Richtung, wie dieselbe als eine Förderung der Sozialdemokratie gewirkt hat, betrachtet, muß man es geradezu als einen verhängnisvollen Fehler der Versicherungsgesetzgebung bezeichnen, daß sie die Verteilung der Beiträge und — als deren Folge — der Rechte in dieser Weise geordnet hat. Man kann wohl sagen, daß die Sozialdemokratie ihre große Ausbreitung und heutige Machtstellung zum großen Teil diesem Gesetz verdankt.

Daß dieser Mißstand bei der Regierung nicht unbeachtet geblieben, ist schon bei den Vorbereitungen für die letzte Krankenkassennovelle zu Tage getreten. Aus den Fragebogen, die damals auch an die wirtschaftlichen Vereine kamen, geht hervor, daß die Regierung eine gründliche Aenderung der Organisation der Krankenkassen ins Auge gefaßt hatte und speziell eine andere Beitragsverteilung in der Weise, daß die Beiträge von den Unternehmern und den Arbeitern je zur Hälfte aufgebracht werden sollten, in Erwägung zog. Einen näheren Einblick in die in maßgebenden Kreisen herrschende Auffassung gewährten speziell Veröffentlichungen des jetzigen Geheimen Ober-Regierungsrats Hoffmann in dem Preußischen Verwaltungsblatt, welche für die Gleichteilung der Beiträge und Rechte und für eine Organisation der Ortskrankenkassen in der Weise, daß sie an die Gemeinden bezw. die weiteren Kommunalverbände angegliedert werden sollten, mit einem Kommunalbeamten als Vorsitzenden und der Bestellung der Bureaubeamten durch die Gemeinden, eintraten. Die Gemeindeversicherung sollte beseitigt werden und in den Ortskrankenkassen aufgehen, die dann mehr als die Hälfte sämtlicher Versicherungspflichtigen erhalten würden; zugleich sollte die Grundlage der Ortskrankenkassen, die jetzt auf einem Zusammenschluß nach den einzelnen Gewerbezweigen und Betriebsarten beruhen, dahin abgeändert werden, daß an Stelle der verschiedenen, nach Gewerbsarten getrennten Kassen, Zentralkassen für den Bereich einer Gemeinde oder eines größeren Kommunalverbandes treten. Das Prinzip des Aufbaues auf den verschiedenen Gewerbezweigen, das übrigens in dem bestehenden Gesetz nicht rein durchgeführt ist, sollte durch das territoriale Prinzip ersetzt und so die bis zu einem gewissen Grade bestehende Zersplitterung im Krankenkassenwesen beseitigt werden. Die Betriebskrankenkassen, ebenso wie die Bau-, Innungs-, Knappschafts- und Hilfsk..ssen, sollten erhalten bleiben.

Bei der letzten Krankenkassennovelle ist schließlich von einer durchgreifenden Aenderung der Organisation der Krankenkassen Abstand genommen worden; es ist aber zu erwarten, daß diese Sache nunmehr bei der bevorstehenden Krankenkassennovelle wiederkommt, und für die Industrie fragt es sich, welche Stellung sie dazu nehmen soll und namentlich ob sie bereit ist, die finanzielle Mehrbelastung, welche die Einführung der Hälftelung der Beiträge an Stelle der bisherigen Drittelung in sich schließt, zu übernehmen. Für diese Stellungnahme kommt einmal in Betracht, daß ein wirksames Vorgehen der Regierung gegen die Sozialdemokratie und die ihren Bestrebungen dienende Organisation des Krankenkassenwesens durchaus den Wünschen und den Interessen der Industrie entspricht. Es ist hoch erfreulich, wenn die Regierung daran geht, eine Einrichtung, die der Sozialdemokratie so großen Vorsprung gegeben hat, abzuändern, und wenn sie den Mut hat, gegen die Sozialdemokratie ernstlich einzuschreiten und dem Sturm, den sie damit entfesseln wird, Trotz zu bieten.

Daß die Einführung der Gleichteilung der Beiträge mit ihrer Konsequenz für die Verteilung der Rechte ein wirksames Mittel zur

Zurückdrängung und Schwächung der Sozialdemokratie darstellt, kann meines Erachtens nicht wohl bezweifelt werden. Zunächst wird ja freilich das Vorgehen großen Lärm machen und eine scharfe Agitation entfachen, die vielleicht sogar zu gewissen Erfolgen für die Sozialdemokratie führt, die aber wohl nur Augenblickserfolge sein können. Die ganze Wirkung der Maßregel wird erst in einer längeren Zeitperiode herauskommen. Die Erneuerung des Beamtenkörpers der Kassen im Sinne der Reinigung von den sozialdemokratischen Elementen läßt sich nicht auf einmal bewirken, sondern braucht Zeit. Man darf sich zudem die Wirkung der Maßregel nicht als eine absolute denken. Wo die Sozialdemokratie auch unter den Arbeitgebern vertreten ist, kann es vorkommen, daß nach wie vor eine sozialdemokratische Mehrheit in Vorstand und Generalversammlung bleibt; ferner kann man an die freiwilligen Mitglieder denken, welche bei den Ortskrankenkassen jetzt vielfach eine Rolle spielen. Ich möchte aber diesen Bedenken kein zu großes Gewicht beilegen. Neben der gleichen Verteilung der Stimmen soll ja offenbar auch eine andere Organisation der Ortskassen hergehen, eine gewisse Kommunalisierung, Vorsitz eines Kommunalbeamten und Bestellung des Bureaubeamtenpersonals durch die Gemeinden. Selbst wenn dann eine sozialdemokratische Mehrheit in Vorstand und Generalversammlung bleibt, verliert sie wesentlich an Bedeutung. Die freiwilligen Mitglieder werden, wenn die Ortskrankenkassen mehr territorial und zentral gebildet werden, nicht die gleiche Rolle spielen können, wie dies heute unter gewissen Verhältnissen der Fall ist. Im großen Ganzen wird man sicher annehmen können, daß die geplante Aenderung im letzten Ende zu einer ganz bedeutenden Schwächung der Sozialdemokratie führen muß.

Wenn die Industrie hiernach einem solchen Vorgehen zur Bekämpfung der Sozialdemokratie sympathisch gegenüberstehen muß, so fragt es sich aber, ob die Last, welche die Industrie übernehmen soll, nicht für die Industrie zu groß ist. Es handelt sich um die Uebernahme von einem Sechstel sämtlicher zur Zeit bezahlten Krankenversicherungsbeiträge, und es ist klar, daß da ganz bedeutende Summen in Frage kommen. In den schon erwähnten Hoffmannschen Veröffentlichungen wird diese Seite der Sache sehr leicht genommen. Es ist da gesagt, daß bei einer Zentralisierung der Kassen auf eine Herabsetzung der Beiträge gerechnet werden könne und daß diese ohnehin schon geringfügige Mehrbelastung gar nicht zum Ausdruck kommen dürfte. So liegt die Sache für die Industrie jedenfalls nicht. An eine Ersparnis ist bei den Betriebskrankenkassen überhaupt nicht zu denken. Im ganzen wird es sich bei dem Sechstel der Beiträge um eine Summe von rund 48 Millionen Mark handeln, worin übrigens auch die Knappschaftskassen eingeschlossen sind, für welche die Hälfte an Stelle der Drittelung bereits durch Gesetz eingeführt ist. Wieviel von diesen 48 Millionen auf die Industrie fällt, darüber kann ich keine Auskunft geben; ein bedeutender Teil muß natürlich auf das Handwerk und andere Kreise der Versicherten gerechnet werden. Ein Bild, wie die Sache wirkt, habe ich mir für die Kruppsche Gußstahlfabrik gemacht. Hier wird ein jährlicher Mehraufwand von über 300000 M. und ein durchschnittlicher Mehraufwand pro Kopf des Arbeiters von 10,50 M. entstehen. In dieser Höhe wirkt die Maßregel bei der Einführung ohne Zweifel als eine jährliche Mehrausgabe des Unternehmers und als eine Lohnerhöhung des Arbeiters. Ob die Industrie eine solche Mehrbelastung zur Zeit tragen kann, das zu entscheiden, ist natürlich schwer. Ein strikter Beweis in der einen oder anderen Richtung läßt sich nicht erbringen. Meine Ansicht geht dahin, daß die Industrie zur Zeit dazu in der Lage ist und man nicht sagen kann, daß ihre Existenz dadurch gefährdet werde. Ich halte die Industrie im allgemeinen zur Zeit für so kräftig, daß sie die Mehrbelastung ohne Bedenken übernehmen kann. Es kommt aber bei der Beurteilung der Frage der Mehrbelastung doch wesentlich in Betracht, daß man nicht eine dauernde Mehrbelastung der Industrie in der angegebenen Höhe annehmen kann. Allmählich wird eine gewisse Ausgleichung eintreten. Man wird in der Lage sein, diese Lohnerhöhung bei der ferneren Lohnbewegung zu berücksichtigen, entweder nach der Seite, daß ein Höhergehen, das sonst hätte eintreten müssen, vermieden wird, oder daß man bei einem Heruntergehen, das sonst notwendig oder möglich würde, weitergehen kann. Für den Arbeiter spielt bei der Lohnfrage das, was er bar in die Hand bekommt, die Hauptrolle. Die Beträge, die für Krankenversicherung und ähnliche Zwecke erhoben werden, hat schließlich doch der Unternehmer aufzubringen und es kommt wenig darauf an, welcher Teil davon von dem Unternehmer im Bruttolohn zu zahlen und durch den Arbeiter abzugeben ist und welcher Teil direkt von dem Unternehmer zu zahlen ist. Bei einer plötzlichen Aenderung in dem Verhältnis wird allerdings die direkte Zahlung des Unternehmers sofort und noch über eine gewisse Zeit als Lohnerhöhung wirken, aber der Ausgleich im Laufe der Zeit ist möglich und wird mit einer gewissen Naturnotwendigkeit eintreten. Soweit Industrien zur Zeit in wenig günstiger Lage sind, werden dieselben auch am ehesten in der Lage sein, eine solche Lohnerhöhung rasch wieder auf dem Wege der allgemeinen Lohnregelung zum Ausgleich zu bringen. Wenn ich die Frage der Tunlichkeit der Uebernahme einer solchen Mehrbelastung der Industrie bejahend beantworte, so muß ich auch in gleicher Weise die Frage, ob die Aenderung der Organisation der Krankenkassen im Sinne einer Schwächung der Sozialdemokratie so wichtig für die Industrie ist, daß sie dieses Opfer lohnt, mit Ja beantworten.

Die Industrie kann indes ihre Geneigtheit zur Uebernahme der fraglichen Mehrbelastung natürlich nur unter der Voraussetzung erklären, daß ihre Interessen im übrigen durch die Novelle nicht geschädigt werden. Die Industrie muß in erster Linie fordern, daß mit der gleichen Verteilung der Beiträge auch die gleiche Verteilung des Stimmrechtes erfolgt. Das kann man wohl als selbstverständlich betrachten, wie dies auch schon die für die Innungskassen geltende Bestimmung, daß die Uebernahme der Hälfte der Beiträge Anspruch auf die Hälfte der Stimmen gibt, zum Ausdruck bringt.

Als eine weitere Bedingung für ihre Zustimmung zur Hälftelung muß die Industrie die Erhaltung der Betriebskrankenkassen in ihrem jetzigen Bestande mit dem Rechte der Errichtung der Kasse und der Bestellung des Vorsitzenden durch den Betriebsunternehmer verlangen. Vom Standpunkte der Betriebskrankenkassen und der an ihrem Bestande interessierten Industrie läßt sich eine gewisse Besorgnis gegenüber der geplanten Organisationsänderung bei den Ortskrankenkassen nicht ganz abweisen. Bei dem jetzt geltenden Prinzip des Gesetzes, welches zwar nicht rein durchgeführt ist, daß die Ortskrankenkassen sich auf den verschiedenen Gewerbezweigen und Betriebsarten aufbauen, sind die Betriebskrankenkassen sozusagen gleichberechtigte gesetzliche Versicherungsträger mit den Ortskrankenkassen. Es handelt sich bei ihnen um konkrete gewerbliche Betriebsarten und Konglomerate von solchen. Sie haben insofern eine organische Stellung im Gesetz, und man kann nicht sagen, daß sie einen von der allgemeinen Grundlage des Gesetzes abweichenden Aufbau besitzen, der sie, gegenüber den Ortskrankenkassen als Grundprinzip, als eine Ausnahme erscheinen ließe. Durch die Einführung des territorialen Prinzips für die Ortskrankenkassen wird aber ihre organische Stellung im ganzen Krankenkassenwesen etwas geändert. Die territorial und zentral organisierten Ortskrankenkassen erscheinen dann mehr als die eigentlichen normalen Träger der Krankenversicherung und die Betriebskrankenkassen als Ausnahmen, deren Fortbestand nur aus besonderen Gründen, wegen besonderer Vorzüge und wegen ihres langjährigen Bestehens, gerechtfertigt werden kann. Insofern wird die Stellung der Betriebskrankenkassen eine schwächere und kommt die Gesetzesänderung einigermaßen dem Standpunkt der sozialdemokratischen Beherrscher der Ortskrankenkassen entgegen, welche schon jetzt die Ortskrankenkassen als das Normale darstellen und die Beseitigung der Betriebskrankenkassen als unberechtigte und schädliche Ausnahmegebilde fordern. Die Betonung dieser prinzipiellen Voranstellung der Ortskrankenkassen kommt auch in den Hoffmannschen Veröffentlichungen zum Ausdruck, wennschon dieselben aus besonderen praktischen Gründen für die Erhaltung der Betriebskrankenkassen einstehen.

Angesichts dieser Umstände hat die Industrie allen Grund, die Forderung der Erhaltung der Betriebskrankenkassen zu betonen. Ich glaube aber auch, daß man in diesem Punkte beruhigt sein kann. Die Vorzüge der Betriebskrankenkassen in Bezug auf gute und einfache Verwaltung, große Leistungen, finanzielle Sicherheit, ihre Bedeutung als Bindeglied zwischen Unternehmer und Arbeiter sind so einleuchtend, daß es wohl als ganz ausgeschlossen erscheint, daß die Regierung daran denken könnte, diese in langer Zeit bewährten Einrichtungen zu beseitigen. Es steht denn auch tatsächlich die Absicht der Regierung, die Betriebskrankenkassen zu erhalten, außer Zweifel.

Aber nicht nur auf den Fortbestand der Betriebskrankenkassen kommt es an. Es muß auch verlangt werden, daß die Verfassung der Betriebskrankenkassen, deren Hauptpunkt der Erlaß des Statuts durch den Betriebsunternehmer und die Bestellung des Vorsitzenden durch den Betriebsunternehmer ist, erhalten bleibe. Eine Regelung in der Weise, wie sie bei den Ortskrankenkassen geplant ist, daß durch einen unparteiischen Vorsitzenden die Leitung der Kassen erfolgen soll und daß der Vorsitzende bei Gleichheit der Stimmen den Stichentscheid erhält, oder daß bei Gleichheit der Stimmen die Entscheidung der Aufsichtsbehörde übertragen wird, wäre natürlich für die Industrie unannehmbar.

Soweit wir aber wissen, steht die Regierung — und es kann das auch kaum anders sein — auf dem Standpunkt, diese Hauptpunkte der Verfassung der Betriebskrankenkassen ebenfalls aufrecht zu erhalten.

Es kann dann noch in Frage kommen, ob die Abgrenzung der Betriebskrankenkassen gegenüber den Ortskrankenkassen in der jetzigen Weise erhalten bleibt. Auch da wird man wohl keine Befürchtung zu hegen brauchen. Kleine Aenderungen in dieser Richtung der Abgrenzung wären ja, wennschon sie als nicht erwünscht bezeichnet werden können, für die Industrie nicht ausschlaggebend. Wenn einzelne kleine Betriebskrankenkassen in ihrer bisherigen Geschichte zu Bedenken Anlaß gegeben haben, so könnte diesen Bedenken auch dadurch Rechnung getragen werden, daß die kleinen Betriebskrankenkassen zu Verbänden zusammengelegt werden. Jedenfalls muß es als wünschenswert bezeichnet werden, daß die Stärkung der Ortskrankenkassen durch Ueberweisungen aus dem Bereiche der Betriebskrankenkassen vermieden wird.

Bezüglich der Betriebskrankenkassen möchte ich noch einen Punkt berühren. Man könnte sich fragen, ob es überhaupt notwendig ist, die für die Ortskrankenkassen im Interesse der Bekämpfung der Sozialdemokratie durchaus notwendige Organisationsänderung auch auf die Betriebskrankenkassen auszudehnen, ob es nicht möglich wäre, bei den Betriebskrankenkassen das bisherige System der Drittelung der Beiträge im allgemeinen zu belassen und ihnen nur in der Weise, wie dies bei den Innungskassen schon der Fall ist, die Möglichkeit zu geben, die Hälftelung der Beiträge mit dem Rechte auf die Hälfte der Stimmen da einzuführen, wo es für wünschenswert und zweckmäßig gehalten wird. Ich glaube aber, man wird daran nicht denken können. Wenn die Hälftelung der Beiträge bei den Ortskrankenkassen, die mit der bisherigen Gemeindekrankenversicherung den größeren Teil der Versicherten umfassen, eingeführt wird, so kann man diese Maßregel, die ja zugleich als eine nicht unerhebliche Zuwendung an die Arbeiter erscheint, nicht für die Betriebskrankenkassen ausschließen. Nachdem bei den Knappschaftskassen die Hälftelung schon durch Gesetz eingeführt ist, wird man eine Ausnahmestellung der Betriebskrankenkassen umsoweniger für durchführbar halten können. Nach meinen Erfahrungen stehe ich auf dem Standpunkte, daß auch für die Betriebskrankenkassen die Aenderung des Beitragsverhältnisses und der Verteilung der Stimmrechte Bedürfnis ist und daß daher von jedem Versuch abgesehen werden sollte, für die Betriebskrankenkassen eine Ausnahmestellung bezüglich der Beiträge zu beanspruchen.

Schließlich möchte ich noch die Frage berühren, ob es zweckmäßig ist, daß die Industrie überhaupt zu der Frage Stellung nimmt und sich freiwillig zur Uebernahme von Lasten anbietet. Ich stehe auf dem Standpunkt, daß in einem solchen Falle, wo die allgemeinen Interessen der Industrie so entschieden mit den Absichten der Regierung zusammengehen, man sich nicht durch theoretische Bedenken abhalten lassen sollte, Stellung zu nehmen und der Regierung entgegen zu kommen, um sie in ihren Bestrebungen zu unterstützen.

Es ist mir schon von verschiedenen Seiten entgegengehalten worden, es bestehe die große Gefahr, daß schließlich nur das Zugeständnis der Industrie bleiben und sonst nichts Gutes für die Industrie erreicht werde, doch halte ich diese Gefahr nicht für sehr groß. Man kann freilich nicht wissen, wie der Reichstag sich zu dem Plane der Regierung stellen wird; indes ist der jetzige Zeitpunkt auch im Reichstage so günstig als möglich. Nachdem die Sozialdemokratie durch die letzten Wahlen dort so geschwächt und eine Mehrheit gegen die Sozialdemokratie und das Zentrum möglich geworden, ist ein Erfolg im Reichstage für eine großzügige Bekämpfung der Sozialdemokratie in diesem wichtigen Punkt doch vielleicht nicht ganz ohne Aussicht, und ich glaube, die Industrie sollte es mit Freuden begrüßen, wenn die Regierung nunmehr zu einem entschlossenen Vorgehen gegen die Sozialdemokratie geneigt ist, und sollte alles tun, um sie dabei zu unterstützen.

Die Einzelheiten des Entwurfs für die Novelle sind noch nicht bekannt, stehen vielleicht noch nicht ganz fest; aber es wird für die Industrie sicher auch von Wert sein, wenn sie durch eine entgegenkommende Haltung gegenüber den Absichten der Regierung Fühlung mit der Regierung gewinnt und auf die Gestaltung der Einzelheiten der Vorlage mehr oder weniger Einfluß erhält. In dieser Beziehung ist besonders die Aerzte-Frage zu erwähnen. Die von den ärztlichen Organisationen seit Jahren mit allergrößtem Nachdruck geführte Agitation für die gesetzliche Einführung der freien Arztwahl berührt die Interessen der Kassen sehr tief, und es wäre deshalb von großem Interesse, wenn die Industrie die Unterstützung der Regierung gegen diese Maßregel hätte, die den Einfluß der Kassenverwaltungen für die ärztliche Versorgung der Versicherten fast illusorisch machen und die Kassen finanziell schwer belasten würde.

Ein anderer Punkt, den ich hier noch erwähnen möchte, ist die Frage der Wahlen. Es ist schon von verschiedenen Seiten der Wunsch ausgesprochen worden, daß die Proportionalwahl für die Krankenkassen eingeführt werden möchte. Dieses Wahlverfahren könnte einmal in Frage kommen für die Wahlen in den Vorstand, dann aber noch für die Wahlen zur Generalversammlung. Bei größeren Betriebskrankenkassen, wie sie eine große Anzahl von unseren industriellen Werken haben, besteht die Generalversammlung nicht aus sämtlichen Mitgliedern, sämtlichen Arbeitern, sondern aus gewählten Delegierten. Auch für diese Wahlen zur Generalversammlung kommt das Wahlsystem in Frage.

Man kann über die Frage der Proportionalwahl zwar verschieden denken. Durch dieses System werden ja gewissermaßen die Arbeiter in die Organisationen hineingetrieben. Auf der anderen Seite hat jedoch die Industrie ein Interesse, die nichtorganisierten Arbeiter und die kleinen Organisationen, die jetzt im Sinne einer friedlichen Zusammenarbeit mit der Industrie sich bilden, zu unterstützen und ihnen die Möglichkeit zu lassen, auch wenn sie in der Minorität sind, eine Vertretung in den Krankenkassen zu erhalten.

Ich würde es deshalb immerhin für wünschenswert halten, wenn diese Frage in der neuen Novelle in der Weise geordnet wird, daß es möglich ist, die Proportionalwahl bei den Wahlen für die Krankenkassen zur Anwendung zu bringen. Ich denke mir das nicht als eine Notwendigkeit, sondern nur als eine fakultative Möglichkeit.

Dann ist bei den Betriebskrankenkassen ja auch die Frage brennend, wie, wenn nun eine gleiche Stimmberechtigung für die Arbeitgeber und für die Arbeitnehmer vorhanden ist, die Entscheidung bei gleicher Stimmenzahl getroffen werden soll. In den bisherigen Statuten der Betriebskrankenkassen, denen also das Verhältnis von $^1/_3$ und $^2/_3$ zu Grunde liegt, ist in der Regel die Bestimmung enthalten, daß bei Stimmengleichheit der Vorsitzende, den der Betriebsunternehmer bestellt, den Stichentscheid hat. Es wäre nun das Ideal, das bei den Betriebskrankenkassen beizuhalten, wenn die Hälftelung, die gleiche Stimmberechtigung eingeführt wird. Das wird aber natürlich auf sehr großen Widerstand stoßen, und diesem Widerstand kann man eine gewisse Berechtigung nicht absprechen. Immerhin ist es vielleicht nicht ausgeschlossen, daß auch in dieser Beziehung etwas zu erreichen wäre.

Mit dem Eingehen auf diese speziellen Punkte, die für eine Fühlung mit der Regierung von Wichtigkeit sind, möchte ich meinen Vortrag schließen. Von dem Vorschlage bestimmter Resolutionen möchte ich absehen, nachdem bereits in der umfassenden Resolution für die heutige Delegiertenversammlung, die Ihnen vorgetragen worden ist, auch diese spezielle Frage der Reorganisation der Betriebskrankenkassen ganz ausführlich und im Sinne der Resolutionen, zu denen ich nach diesem Vortrage hätte kommen müssen, vorgesehen ist.

Ich hoffe, daß ich Sie nicht zu lange mit meinem Referat in Anspruch genommen habe. (Beifall.)

Mitberichterstatter, Landtagsabgeordneter Dr. **Beumer**-Düsseldorf: Meine Herren, ein Korreferat pflegt man gewöhnlich dann zu erstatten, wenn man die gegenteilige Meinung des Referenten vertritt. Ich kann aber nach meiner ganzen Ueberzeugung bei dieser Materie der Reorganisation des Krankenkassengesetzes die Aufgabe des Korreferenten nach dieser Richtung hin nicht erfüllen, sondern ich kann nur alle dem beipflichten, was hier soeben Herr Finanzrat Klüpfel ausgeführt hat. Ich werde mich deshalb als Korreferent darauf beschränken, ein paar Sachen zur Ergänzung vorzubringen, und zunächst die Frage beantworten, wie die Industrie im Jahre 1900 dazu gekommen ist, die Frage zu verneinen, ob die Hälftelung der Beiträge im Interesse der Bekämpfung der Sozialdemokratie angezeigt sei.

Unter den Fragen, die damals, wie der Herr Referent schon hervorgehoben hat, den wirtschaftlichen Vereinen vorgelegt wurden, befand sich als 4. die Frage:

„Sollen den Arbeitgebern unter Erhöhung des aus eigenen Mitteln zu bestreitenden Anteils an den Beiträgen auf die Hälfte in der Verwaltung der Kassen die gleichen Rechte wie den Arbeitern eingeräumt werden?"

Diese Frage ist, soviel mir bekannt geworden ist, von der Industrie damals fast allgemein verneint worden.

Wenn ich nun frage, wie sind wir damals dazu gekommen, nein zu sagen, während heute ein großer Teil der Industrie die Frage bejahen will, so beruht das darin, daß in der damaligen Enquête die folgende Frage lautete:

„Empfiehlt sich ein Anschluß der Ortskrankenkassen an die Gemeindeverwaltung in der Weise, daß ein Gemeindebeamter zum Vorsitzenden bestellt wird und die Bureaubeamten — diese vorbehaltlich der Erstattung der Gehälter durch die Kassen — von der Gemeinde angestellt werden?"

In dem Rundschreiben, das die Regierungspräsidenten dieser Frage beifügten, war damals die Instruktion enthalten: „Es sind in einer Nachweisung diejenigen Ortskrankenkassen anzuführen, bei denen Vorstandsmitglieder sich als Angehörige der sozialdemokratischen Partei bemerklich gemacht haben. Es ist hier unter kurzer Darlegung des Tatbestandes anzugeben, ob und in welcher Weise ein Mißbrauch der Verwaltung zu sozialdemokratischen Parteizwecken in die Erscheinung getreten ist."

Wir verdanken die Kenntnis dieser Bemerkungen dem „Vorwärts", wie wir ihm bekanntlich die Kenntnis so mancher amtlichen Verfügung zu verdanken haben. (Heiterkeit.)

Unter Würdigung dieser 5. Frage nach der Gestaltung der Ortskrankenkassen, und unter Würdigung des Zweckes, den die Regierung damit verfolgte, sagte sich nun damals die Industrie, namentlich angesichts der mehr oder minder befriedigenden Zustände in den Betriebskrankenkassen: Wir brauchen die Frage der Hälftelung der Beiträge nicht zu bejahen, weil ja die Regierung diese durchaus grundsätzliche Umgestaltung der Ortskrankenkassen vornehmen will.

Was hat aber die Novelle von 1903 gebracht? Außer den Bestimmungen des § 42, Abschnitt 4, die der Regierung das Recht einräumten, Beamte wegen grober Verletzung der Amtspflichten in Bezug auf die Kassenführung ihres Amtes zu entheben, enthält die Novelle gar nichts nach dieser Richtung hin, so daß also die Voraussetzungen, unter denen Ihre Zustimmung zu der Hälftelung erbeten wurde, vollständig hinfällig geworden sind.

Und wie haben sich nun seit der Zeit in den Ortskrankenkassen und zum Teil auch schon in den Betriebskrankenkassen die Zustände entwickelt? Meine Herren, bei den Verhandlungen, die im Reichstage darüber geführt worden sind, hat sowohl der damalige Staatssekretär des Innern, Graf von Posadowsky, als auch namentlich der Reichstagsabgeordnete Dr. Mugdan, der das Krankenkassenwesen zu seiner Spezialfrage im Reichstage gemacht hat, geradezu grauenhafte Bilder entrollt. In den sozialdemokratisch geleiteten Kassen wird also, wie Herr Dr. Mugdan an Beispielen, die er aktenmäßig begründen konnte, vorführte, einem verkrachten Kneipwirt, der absolut keine Ahnung von Bureauarbeit hat, der aber ein guter „Genosse“ ist, eine einkömmliche Beamtenstellung übertragen, die es ihm nun ermöglicht, innerhalb und außerhalb seiner Amtstätigkeit eifrig für die Partei zu agitieren; hier wird einem treuen Genossen, der wegen betrügerischen Bankerotts einige Jahre hinter schwedischen Gardinen zugebracht hat, die Führung einer Ortskrankenkasse übertragen, und zwar werden mit den Herren derartige Verträge geschlossen, daß sie kaum wieder zu lösen sind, so daß in einem Falle von dem Landgericht in Elberfeld ein derartiger Vertrag für ungültig erklärt werden mußte. Dort wird einem jungen Arzt, der Glück hat, einen Genossen zum Onkel zu haben, schon nach halbjähriger Tätigkeit die Praxis in einer großen Krankenkasse übertragen, während gewöhnlich die Aerzte drei bis vier Jahre warten müssen, ehe sie zu solchen Posten herangezogen werden. Und endlich, um ein Beispiel aus der heutigen Zeit anzuführen, hat bei der Reichstagswahl eine sozialdemokratisch geleitete Ortskrankenkasse einen erheblichen Beitrag für die politische Agitation aus ihren Kassenbeständen gezeichnet. (Hört! hört!)

Meine Herren, ich könnte Ihnen eine ganze Legion von Beispielen anführen, die diese haarsträubenden Zustände in den sozialdemokratisch geleiteten Kassen herbeigeführt haben. Ich will das in Rücksicht auf die Kürze der Zeit nicht tun und Ihnen nur als argumentum e contrario das eine anführen, daß von keiner Seite die Bereitwilligkeit der Industrie, zu einer Hälftelung der Beiträge Ja zu sagen, heftiger bekämpft wird, als von der Sozialdemokratie selbst. Es ist außerordentlich charakteristisch, daß der revisionistisch gesinnte Abgeordnete Bernstein ausdrücklich zugegeben hat, daß die Bismarckische sozialpolitische Gesetzgebung namentlich in Bezug auf die Krankenkassen dazu geführt habe, ein Heer von Agitatoren heranzuziehen. Er hat wörtlich gesagt: „Die Bismarckschen Versicherungsgesetze, die jeder Arbeiterbewegung das Mark entziehen sollten, haben im Gegenteil den Anstoß und die Handhabe zur Ausbildung einer demokratischen Beamtenschaft der Arbeiterklasse gegeben, wie sie in besserer Schulung nirgends zu finden ist"; und der „Vorwärts", der ja sonst, wo es sich um die Belastung der Industrie handelt, immer dabei ist, auch die schwerste Belastung nur als ein Butterbrot zu bezeichnen, hat hier in einer geradezu rührenden Besorgnis für das Wohl der Unternehmer wörtlich geschrieben: „Wir halten die Arbeitgeber doch für zu gute Rechner, als daß sie sich betören lassen könnten, und ihren Widerstand gegen die neue Verteilung der Beiträge sollten fallen lassen!" Wenn mir der „Vorwärts" sagt: „Laß das sein", dann ist das für mich immer ein Hinweis darauf: „Tu es!" (Sehr richtig!)

Nun, meine Herren, daß wir auf einem anderen Wege zur Gesundung der Verhältnisse nach dieser Richtung gelangen könnten, halte ich bei der notorischen Ausbreitung, die die sozialdemokratische Agitation von den Krankenkassen aus nimmt, für ausgeschlossen, und so kann ich alle dem beistimmen, was der Herr Referent gesagt hat.

In der Resolution wird ferner eine Aenderung des Verhältnisses der Krankenkassen zu den Aerzten verlangt, und zwar meiner Ansicht nach mit Recht nach der doppelten Seite, daß auch die Aerzte dem Terrorismus, den die Sozialdemokratie namentlich auf die jungen Aerzte in einer ungeheuerlichen Weise ausübt — einem Terrorismus, der sogar so weit geht, daß die jungen Aerzte in einzelnen Fällen verpflichtet werden, sich politisch zur Sozialdemokratie zu bekennen und von dem Honorar, welches sie von den Krankenkassen bekommen, einen bestimmten Teil an die politischen Kassen der Sozialdemokratie abzuführen — entzogen werden; daß aber auch auf der anderen Seite die Regelung des Aerzteverhältnisses zu der Industrie vorgenommen wird. Der Herr Referent hat in dieser Beziehung schon die schlimmen Erfahrungen gestreift, die mit der freien Arztwahl gemacht worden sind. Nach dieser Richtung möchte ich Ihnen eine ganz kurze Mitteilung machen, die nicht viel Zeit in Anspruch nehmen wird und die ich dem Herrn Kommerzienrat Moritz Boeker verdanke, der am vorigen Samstag in einer Sitzung des Vereins mit dem langen Namen in Düsseldorf erschienen war, wo wir ebenfalls uns mit dieser Frage beschäftigten. Diese Mitteilungen, auf die vielleicht auch morgen in der Sitzung bei der Begründung des Betriebskrankenkassen-Verbandes der deutschen Industrie zurückzukommen sein dürfte, sind um so wertvoller, als man in Remscheid die Krankenkassen nach jeder Richtung hin zum Versuchskaninchen — einen anderen Ausdruck kann ich nicht gebrauchen — gemacht hat, nachdem die Remscheider Kassen den Mitgliedern außerordentlich entgegengekommen waren.

Wohin hat nun, um nur eins auszuführen, die Einbeziehung der Familien-Behandlung in die Kassen geführt. Darüber schreibt Herr Boeker:

„Um den Aerzten entgegen zu kommen, hatte im Jahre 1899 ein größeres Werk die bei der Betriebskrankenkasse als „Weiterversicherte" gesetzlich bei ihr zur Mitgliedschaft berechtigten Beamten aus der Kasse genommen, eine eigene Beamten-Krankenkasse gegründet, den Reservefonds dafür gestiftet und den Gesamtbeitrag auf 4,50 M. gegen 1,82 M. bei der Betriebskrankenkasse normiert. Im ersten Jahre betrug das Arzthonoar 19 M., es stieg dann auf 33 M. und hat heute den Satz von ca. 50 M. pro Mitglied erreicht, also noch höher als das nach der Verbandsdenkschrift von den Aerzten geforderte Honorar von ca. 46 M. Bemerkt sei noch, daß die Kasse allgemein nur die Einzelleistungen nach den Mindestsätzen der ärztlichen Gebührenordnung vergütet, das wirklich gezahlte Honorar also noch höher ist, trotzdem erwerbsunfähige Kranke und Unfallverletzte diese Kasse nicht zu versorgen brauchte. Hervorzuheben ist aber noch, daß die Spezifikation der Aerzterechnungen anscheinend direkt auf die Beamten-Krankenkasse zugeschnitten wird, weil man eben weiß, nicht die Person, sondern die Kasse zahlt.

Da bei den Betriebskrankenkassen der 3 bezw. 4prozentige Kassenbeitrag vom Arbeitsverdienst heute ca. 40 bis 42 M., mit Reservefondszinsen etwa 44 oder 45 M. beträgt, so ergibt sich von selbst, daß die heutige Gesamteinnahme der Betriebskrankenkasse gerade ausreichen würde zur Deckung des von dem Leipziger Aerzteverbande erstrebten Honorars — nicht aber zur Heilung und Unterstützung der Kranken."

Herr Moritz Boeker wird auch dem Verbande der Betriebskrankenkassen diese längere Ausarbeitung, auf die ich hier der Zeit wegen nicht näher eingehen will, morgen überreichen lassen.

Meine Herren! Nach alledem kann ich es nur mit großer Freude begrüßen, daß die Regierung nun dazu übergehen will, eine Reorganisation der Ortskrankenkassen nach der genannten Richtung hin vorzunehmen.

Lassen Sie mich über die Taktik, die schon von dem Herrn Referenten gestreift worden ist, und die auch, wie ich hier ausdrücklich bemerke, in den wirtschaftlichen Vereinen in Düsseldorf, deren Geschäfte ich führe, hervorgetreten ist, in der Nordwestlichen Gruppe sowohl als in dem Verein mit dem langen Namen — lassen Sie mich bezüglich der Taktik einige Worte sagen. Man hat dort in Düsseldorf nicht mit Unrecht eingewendet, daß es nicht Sache der Industrie sein könne, schon von vornherein Stellung zu nehmen zu einem Gesetz, das wir noch gar nicht kennen, und Angebote zu machen, die vielleicht nachher in der Weise akzeptiert werden, wie es der Herr Referent hervorgehoben hat, denen aber keine Gegenleistung gegenübersteht.

Aber, meine Herren, die ganze Strömung in unserem politischen Leben und besonders in unserem sozialpolitischen Leben hat sich meiner Ansicht nach erheblich geändert, nachdem der Staatssekretär Graf von Posadowsky aus dem Amte als Staatssekretär des Innern geschieden ist. Wenn Sie die Reden lesen, namentlich auch die Rede, die der Staatssekretär von Bethmann-Hollweg auf der Versammlung des nationalen Arbeiterverbandes gehalten hat, und wenn Sie diese Rede ruhig unter dem Gesichtspunkte betrachten, wie exponiert die Stellung eines solchen Staatssekretärs ja heute ist, auch dem Reichstage gegenüber, dann wird doch keiner von Ihnen in dieser Versammlung bestreiten, daß aus dieser Rede des Herrn von Bethmann ein ganz anderer Geist uns entgegenweht, als aus den sozialpolitischen Reden des Grafen von Posadowsky, namentlich nach der Seite hin, daß der Staatssekretär von Bethmann-Hollweg auch das Recht des Arbeitgebers betont und den Arbeitern gesagt hat, daß es auch noch andere Stände gibt, auf die die Gesetzgebung Rücksicht zu nehmen habe. Man muß in den Reden, die der Herr Graf von Posadowsky in den letzten Jahren gehalten hat, sehr lange nachblättern, ehe man die Notwendigkeit einer Rücksichtnahme auf den Arbeitgeber nur in einer Rede irgendwie erwähnt findet. Ich erinnere namentlich an die große Rede, in der er sagte — das Stenogramm ist wohl ein bißchen korrigiert worden —, daß die deutsche Industrie hauptsächlich durch die Arbeiter zu ihrer heutigen Bedeutung gelangt sei und — zugleich ein schlagender Beweis dafür, daß der Herr Staatssekretär sich in den letzten Jahren nicht sehr eingehend mit den praktischen Leistungen der Industrie beschäftigt hat — ihre großen Fortschritte, namentlich auch in der chemischen Industrie, durch die Arbeiter erzielt habe. (Lachen.) Ein unglücklicheres Beispiel als die chemische Industrie, die kaum einen Qualitätsarbeiter kennt, konnte der Herr Staatssekretär wohl kaum anführen. (Sehr richtig!)

Nun meine ich aber, einer Regierung, die am 13. Dezember 1906 den Reichstag aufgelöst hat — was von weiten Kreisen für ein außerordentlich gefährliches Experiment betrachtet worden ist — und die der Sozialdemokratie insofern Herr geworden ist, als sich die Mandate der Sozialdemokratie um fast die Hälfte bei der Reichstagswahl vermindert haben, einer solchen Regierung, wenn sie ein neues Gesetz bringen will, nun noch rein negativ gegenüberzutreten, das halte ich nicht für richtig. Es wird wertvoll für die Regierung sein, an die Parteien des Blocks mit der Versicherung herantreten zu können, daß sie die Industrie bei der Hälftelung der Beiträge hinter sich hat. Und das, meine Herren, ist ein taktisches Moment, das, wenn ich mich nicht täusche, auch von den Parteien des Blocks gewürdigt werden wird, die doch ein Interesse daran haben, mit einem ihnen so dargebotenen Mittel die Sozialdemokratie auch politisch zu bekämpfen, so daß sie dieses Mittel nicht von vornherein ablehnen werden. Aus allen diesen Gründen, meine Herren, bitte ich Sie, sich zu überlegen, ob wir nicht der Resolution des Direktoriums mit gutem Gewissen zustimmen können.

Wenn Sie die Resolution gedruckt in Ihren Händen haben, dann werden Sie finden, daß an die Spitze gestellt ist: wir verlangen, daß die Sozialdemokratie energischer bekämpft wird, als es bis jetzt der Fall war, und daß alle die Konzessionen, die die Industrie in dieser Resolution macht, hinfällig sind, wenn die Verbündeten Regierungen nicht mit ganzer Kraft sich die Bekämpfung der Sozialdemokratie zur Aufgabe stellen. (Sehr richtig!) Also, meine Herren, die Restriktionen, die das Direktorium da geltend gemacht hat, sichern uns vollständig das gute Gewissen, um nachher sagen zu können: Nein, die Zugeständnisse, die wir am 28. Oktober im Centralverband Deutscher Industrieller gemacht haben, sind selbstverständlich hinfällig, wenn Ihr eine Stellung der Sozialdemokratie gegenüber einnehmt, wie Ihr sie bisher eingenommen habt, und wie sie insbesondere der Herr Staatssekretär von Posadowsky eingenommen hat, der ja, mit etwas anderen Worten, aber doch de facto, die Sozialdemokratie als die berechtigte Vertreterin der Interessen der Arbeiter bezeichnet hat. Ich meine, die Furcht, die auch, wie ich offen gestehe, in Düsseldorf ausgesprochen wurde, der Centralverband verlasse seinen bisherigen Standpunkt zur Sozialpolitik, kann ich nach dem Wortlaut der heute Ihnen vorgetragenen Resolution nicht teilen, und ich bitte Sie also, gemäß dem Antrage des Herrn Referenten, der Resolution über die Reorganisation der Krankenkassen hier Ihre Zustimmung zu erteilen. (Beifall.)

Der **Vorsitzende** konstatiert, daß die Versammlung schon durch ihren Applaus den beiden Rednern ihren Dank ausgesprochen hat, welchem Herr Vopelius sich namens des Direktoriums anschließt. Es folgen vertrauliche Mitteilungen seitens des Vorsitzenden und eine Diskussion, an welcher sich beteiligten die Herren Landtagsabgeordneter

Kommerzienrat Menck=Altona, der Vorsitzende Vopelius=Sulzbach, Generalsekretär Bueck, Fabrikbesitzer Curtius=Duisburg, Kommerzienrat Funcke=Hagen, Regierungsrat Mathies=Dortmund, Direktor Weinlig=Dillingen, Dr. Siemsen=Dortmund, Generalsekretär Steller=Cöln, Geheimer Kommerzienrat Vorster=Cöln. Schließlich konnte der Vorsitzende die einstimmige Annahme der Resolution betreffs Reorganisation der Krankenkassen konstatieren.

Der neugewählte Ausschuß kooptierte darauf die bisher kooptierten Mitglieder wieder.

Versammlung der Delegierten

des

Centralverbandes Deutscher Industrieller,

abgehalten am

28. Oktober 1907, mittags 1 Uhr, im Künstlerhause zu Berlin.

Vorsitzender Hüttenbesitzer **R. Vopelius**-Sulzbach: Meine Herren, ich habe die Ehre, Sie namens des Direktoriums des Centralverbandes Deutscher Industrieller zu begrüßen und die Sitzung hiermit zu eröffnen.

Wie immer, wenn der Centralverband eine größere Sitzung hält, ist es ihm eine angenehme Pflicht, Seiner Majestät zu denken, und ich proponiere Ihnen ein Telegramm, das Herr Regierungsrat Leidig verlesen wird.

Regierungsrat Professor Dr. **Leidig**-Berlin (liest) [Die Anwesenden erheben sich]:

Euere Kaiserliche Majestät

bittet der Centralverband Deutscher Industrieller, der zusammen mit den gleichfalls vertretenen befreundeten Organisationen fast die gesamte deutsche Industrie repräsentiert, unsere Huldigung und den ehrfurchtsvollen Dank der deutschen Industrie für die gnädige Anerkennung, die Euere Kaiserliche Majestät in der Rede zu Münster am 31. August unserer Arbeit haben zuteil werden lassen, huldvoll entgegennehmen zu wollen.

Versammelt, um die Stellung der weitesten Kreise der deutschen Industrie zu den sozialpolitischen Aktionen der nächsten Monate öffentlich kundzugeben, sind wir sicher, daß unserer Mühe, für die deutsche Industrie „den guten Ruf und die Tüchtigkeit deutscher Arbeit zu mehren", um diese Worte Euer Kaiserlichen Majestät zu gebrauchen, der mächtige Schutz und Schirm Eurer Kaiserlichen Majestät nicht fehlen wird. Die deutsche Industrie ist darin einig, daß sie das ihr von Eurer Kaiserlichen Majestät gesteckte Ziel, zum Segen unseres Vaterlandes zu immer glänzenderer Entwickelung zu kommen, nur in Aufrechterhaltung der Ordnung und Autorität in ihren Betrieben erreichen kann. Wir bitten Euere Kaiserliche Majestät auch dessen gewiß zu sein, daß die deutsche Industrie ihre Ehre darin setzt, in der Fürsorge für die in ihren Betrieben beschäftigten Arbeiter und Beamten wie bisher auch fürderhin allen Industrien der Welt voranzuschreiten.

Euer Kaiserlichen Majestät Alleruntertänigster,
treu gehorsamer
Centralverband Deutscher Industrieller.

Der Vorsitzende:
R. Vopelius, Sulzbach.
Mitglied des Herrenhauses.

Der Geschäftsführer:
H. A. Bueck, Berlin.

Vorsitzender: Meine Herren, ich bitte Sie, dieses Telegramm zu bestätigen, indem Sie einstimmen in den Ruf: Se. Majestät unser allergnädigster Kaiser Hurrah! hurrah! hurrah! (Die Versammlung stimmt begeistert ein.)

Meine Herren, seit unserer letzten Delegiertenversammlung im vorigen Jahre in Nürnberg hat der Centralverband Deutscher Industrieller einen sehr schweren Verlust erlitten. Der Gründer des Centralverbandes Deutscher Industrieller Wilhelm von Kardorff ist am 21. Juli d. J. von uns geschieden. Alle, welche das Glück hatten, Herrn von Kardorff näher zu kennen, sind einstimmig in der Beurteilung seines lautern, unbestechlichen Charakters, alle, welche das Glück hatten, als Parlamentarier mit ihm zusammengewesen zu sein, sind einstimmig in der Beurteilung seiner unwandelbaren monarchischen Gesinnung und seiner ehrlichen patriotischen Begeisterung. Jedoch wir Industriellen haben ganz besonderen Dank für Herrn von Kardorff in unseren Herzen. Herr von Kardorff war es, welcher den mutvollen Kampf im Interesse der Industrie auf sich genommen hat, welcher in seiner Broschüre „Gegen den Strom!" eine Umkehr der Wirtschaftspolitik, eine Abkehr vom Freihandel, eine Zukehr zum Schutzzoll anbahnte. Er gründete den Centralverband am 15. Februar 1876, war sein erster Vorsitzender und sein erstes Ehrenmitglied. Vor jetzt zwei

Jahren, bei Gelegenheit des 75 jährigen Geburtstages meines sehr verehrten Freundes und Nachbarn, des Herrn Bueck, war er zum letzten Male unter uns, und die letzten Worte, welche er im Centralverband sprach, waren: „Dem Centralverband ist die große Aufgabe gestellt, unser Vaterland vor der drohenden Gewaltherrschaft, vor dem Terrorismus der Sozialdemokraten mit zu bewahren." Meine Herren, die Mahnung des Verstorbenen bitte ich bei der heutigen Beratung sich recht zu vergegenwärtigen.

Aber, meine Herren, wir haben noch einen ferneren Verlust zu beklagen in dem Ableben unseres Ehrenmitgliedes Herrn Generalkonsul Russell. Vor wenigen Tagen ist er von uns geschieden. Während vieler Jahre war Herr Generalkonsul Russell Mitglied des Direktoriums. Durch Krankheit wurde er verhindert, den Sitzungen weiter beiwohnen zu können. Er legte die Stellung nieder, und die Delegiertenversammlung hat ihn zum Ehrenmitgliede des Centralverbandes ernannt. Alle diejenigen, welche mit ihm gearbeitet haben, namentlich wir im Direktorium, haben seine eminente geistige Fähigkeit immer bewundert. Er war uns ein außerordentlich wertvoller Berater in allen juristischen und allen Verwaltungsfragen.

Ich bitte Sie, meine Herren, sich zu Ehren der beiden Verstorbenen von Ihren Sitzen zu erheben. (Geschieht.)

Meine Herren, wir haben die Freude, eine große Anzahl Ehrengäste unter uns zu sehen. Vor allen Dingen begrüße ich den Herrn Vizepräsidenten des Preußischen Staatsministeriums, den Staatssekretär des Reichsamts des Innern Herrn von Bethmann-Hollweg. Herr von Bethmann-Hollweg war vor acht Tagen in einer Versammlung, welche zweifellos einen ganz anderen Charakter hatte, als ihn die heutige haben wird. Herr von Bethmann-Hollweg wird heute sich sagen: das ist le revers de la médaille. (Heiterkeit.) Es waren vor acht Tagen die Arbeitnehmer in Berlin vereinigt, heute sind es die Arbeitgeber. Ich zweifele nicht, daß Seine Exzellenz die richtige Würdigung der Beschlüsse bezw. Ausführungen, welche in den beiden Versammlungen gemacht worden sind, vornehmen wird.

Meine Herren, dann habe ich die Freude, Se. Exzellenz den Herrn Minister von Rheinbaben hier begrüßen zu dürfen. Exzellenz von Rheinbaben ist ja eigentlich kein Ressortminister für den Centralverband. Aber seine frühere Stellung als Regierungspräsident eines ganz außerordentlich industriereichen Bezirkes hat ihn überall in die Lage gebracht, die Industrie zu verstehen, und so bin ich sicher, er ist einer der wärmsten Freunde der Industrie, und ich begrüße ihn deshalb ganz besonders.

Dann haben wir die Freude, vor uns zu sehen Seine Exzellenz den Herrn Staatsminister Delbrück. Nun, meine Herren, alle diejenigen, die die Freude hatten, schon mit Exzellenz Delbrück zusammenzuarbeiten, wissen, was wir an diesem Herrn Handelsminister zu schätzen haben. Er ist ein Freund der Industrie im besten Sinne des Wortes. Selbstverständlich darf und kann er nicht alle Wünsche der Industrie immer erfüllen; aber wo er es mit gutem Gewissen kann, sind wir überzeugt, daß er für die Industrie eintreten wird.

Meine Herren, dann haben wir die Freude, mehrere Herren Unterstaatssekretäre unter uns zu sehen: Herrn von Loebell. Ich bin überzeugt, daß Herr von Loebell nicht verfehlen wird, Seine Durchlaucht von dem Verlauf der heutigen Verhandlung, von der Loyalität der Industrie, geziemend in Kenntnis zu setzen.

Ferner freuen wir uns, bei uns zu sehen die Herren Unterstaatssekretäre Wermuth, Dr. Richter, von Günther und Freiherr von Coels. Alle diese Herren sind in den betreffenden Ressorts die rechte Hand ihres Chefs, und wir zweifeln nicht, daß sie die Intentionen der Herren Chefs für die Interessen der Industrie überall unterstützen werden.

Meine Herren, weiter haben wir die Freude, unter uns zu sehen den Präsidenten des Reichsversicherungsamtes Herrn Dr. Kaufmann. Die ganze Industrie hat mit dem Reichsversicherungsamt zu tun, und wir freuen uns, bei dieser Gelegenheit den Herrn Präsidenten hier auch begrüßen zu dürfen.

Meine Herren, wir haben dann die Freude, auch einige Herren der Vereine, die in der Interessengemeinschaft mit uns verbunden sind, unter uns zu sehen: Von der Zentralstelle für Vorbereitung von Handelsverträgen Herrn Dr. von Martius und Herrn Dr. Vosberg-Reckow, vom Bunde der Industriellen Herrn Geheimen Kommerzienrat Wirth, Herrn Direktor Schulze und Herrn Dr. Wendtlandt. Wir sind mit den Herren verbunden in einer Gemeinschaft, so daß durch die Beschlüsse dieser Interessengemeinschaft eigentlich die Auffassung der ganzen Industrie zum Ausdruck kommt. Wir haben die Freude, Herrn Direktor Wenzel als Vertreter der chemischen Industrie zu begrüßen. Ferner haben wir zu begrüßen den Herrn Geheimen Kommerzienrat Goldberger als den außerordentlich tätigen Vorsitzenden der Ständigen Ausstellungskommission für die deutsche Industrie. Last not least haben wir die Freude, Seine Exzellenz den Herrn von Liebert begrüßen zu dürfen als Vorsitzenden des antisozialdemokratischen Vereins. Meine Herren, mit dem antisozialdemokratischen Verein haben wir ja gemeinsam die Bekämpfung der Sozialdemokratie, und ich hoffe, daß wir mit Exzellenz von Liebert immer zusammenarbeiten werden mit dem Erfolge, wie wir es nach dem 13. Dezember v. J. getan haben.

Vizepräsident des Preußischen Staatsministeriums Staatsminister und Staatssekretär des Innern **von Bethmann-Hollweg:** Meine Herren! Für die freundliche Einladung, die Sie mir zum heutigen Tage haben zugehen lassen, bin ich Ihnen zu aufrichtigem Danke verpflichtet. Der Centralverband Deutscher Industrieller hat während eines dreißigjährigen Bestehens an der Gestaltung unserer sozialen und wirtschaftlichen Zustände lebendigsten Anteil genommen. Ich bitte Sie, Ihre Erfahrung auch weiter in den Dienst der Allgemeinheit stellen und auch mir gegenüber damit nicht zurückhalten zu wollen. Ich meinerseits werde bestrebt sein, dem Unternehmertum und der Arbeiterschaft mit der gleichen Offenheit und Unbefangenheit gegenüber zu treten und die Auffassungen beider Seiten gleichmäßig zu würdigen, um in möglichst enger Fühlung mit dem wirklichen Leben das richtige Augenmaß für das Mögliche sowohl wie für das Notwendige zu gewinnen und zu behalten.

Ueber die Notwendigkeit einer entschlossenen Fortführung der Sozialpolitik habe ich mich auf dem unlängst hier veranstalteten Arbeiterkongreß ausgesprochen. Bei der Untrennbarkeit jeder fruchtbringenden Sozialpolitik von dem wirtschaftlichen Zustande der Industrie kann ich nur hoffen, daß der Aufschwung ohne gleichen, den die deutsche Industrie in den letzten zwei Jahrzehnten dank der Energie der Unternehmer und der Tüchtigkeit des deutschen Arbeiters genommen hat, vor unvermittelten Schwankungen bewahrt bleiben möge. Einem Verbande, der wie der Ihrige den Vereinigungspunkt so vieler und für das wirtschaftliche Wohl des deutschen Volkes bedeutsamer Industriezweige bildet, erwachsen auch in dieser Beziehung die größten Aufgaben, deren Lösung nicht nur auf unsere Verhältnisse, sondern auch auf die Weltkonjunktur ihre Wirkung ausübt. Ueberspannungen der Konzentrationstendenz, wie wir sie gerade gegenwärtig in ihren verhängnisvollen wirtschaftlichen und sozialen Folgen in anderen Ländern erleben, enthalten eine ernste Mahnung.

Ich hoffe, daß Ihre Tätigkeit dazu beitragen wird, unsere Industrie in ruhigen Bahnen zu erhalten, und wünsche insbesondere, daß auch Ihre jetzigen Beratungen einer kräftigen und gesunden Weiterentwickelung zu Ihrem Besten, zum Besten der Arbeiter und zum Besten der Gesamtheit dienen mögen. (Allseitiger lebhafter Beifall.)

Vorsitzender: Meine Herren, bevor wir in die Tagesordnung eintreten, möchte ich Sie bitten, mir zu gestatten, einen Punkt noch auf die Tagesordnung zu setzen, den vorher aufzuführen nicht möglich war.

Herr Kommerzienrat Stahl von Düsseldorf, Mitglied des Direktoriums, hat uns gebeten, ihn von seiner Stellung zu entheben, da er nicht mehr in der Industrie tätig sei. Das Direktorium glaubt dem Ansuchen des Herrn Kommerzienrats Folge geben zu sollen und schlägt Ihnen vor, an seiner Stelle unseren jetzigen Herrn Generalsekretär Bueck in das Direktorium aufzunehmen, und zwar als geschäftsführendes Mitglied des Direktoriums. (Beifall.) Ich frage, ob sich ein Widerspruch erhebt. Das ist nicht der Fall. Also Herr Generalsekretär Bueck ist Mitglied des Direktoriums.

Generalsekretär **Bueck**-Berlin: Meine hochgeehrten Herren! Dieser freundliche Vorschlag und Ihre gütige Zustimmung bedeutet eine Ehrung und Auszeichnung für mich, an die ich umso weniger habe denken können, als ich nicht töricht genug bin, zu glauben, daß meine Leistungen denen entsprechen, die ich früher in Ihren Dienst stellen konnte. Denn, meine Herren, das vorgeschrittene Alter läßt sich nicht leugnen und nicht wegbringen. Meine Leistungen stehen nicht mehr auf der Höhe, wie Sie es erwarten können. Ich darf wohl aber Ihnen die Versicherung geben, daß ich bemüht sein werde, mich für Ihre Freundlichkeit dankbar zu erweisen dadurch, daß ich den Ueberrest meiner Kräfte, solange Sie glauben, daß ich noch an dieser Stelle ausharren soll, voll und ganz in Ihren Dienst stellen werde. (Beifall.)

Vorsitzender: Meine Herren, dann treten wir in die Tagesordnung ein.

1. Neuwahl des Ausschusses.

Meine Herren, Sie haben ein Mitgliederverzeichnis des Ausschusses vor sich liegen. Die fettgedruckten Namen sind die Namen derjenigen Herren, welche wir Ihnen als neue Mitglieder bezw. als hinübergeschoben von den Stellvertretern zu den wirklichen Mitgliedern in Vorschlag bringen. Verlangen Sie, daß einzeln abgestimmt wird? (Wird verneint.) — Das ist nicht der Fall. Gestatten Sie, daß ich über die ganze Liste abstimmen lasse? — Das ist der Fall. Also ich frage Sie, ob Sie die ganze Liste, wie sie Ihnen gedruckt vorliegt, annehmen wollen? — Das ist der Fall. Ich konstatiere, daß diese Herren in den Ausschuß gewählt sind.

Meine Herren, wir kommen zu Punkt II der Tagesordnung:

Wahl von 10 Mitgliedern in den Ausschuß der Hauptstelle Deutscher Arbeitgeberverbände.

Meine Herren, bislang sind in dem Ausschusse Herr Kommerzienrat Aust in München, Herr Dr. Beumer in Düsseldorf, Herr Kommerzienrat Dierig in Oberlangenbielau, Herr Geheimer Kommerzienrat Heckmann, Herr Fabrikbesitzer Laederich in Mülhausen i. E., Herr Kommerzienrat Menck in Altona, Herr Regierungsrat Schrey, Herr Kommerzienrat Stark, Herr Generaldirektor Weinlig und Herr Bergmeister Engel.

Meine Herren, das Direktorium schlägt Ihnen vor, mit Ausnahme des Herrn Bergmeisters Engel, welcher in eine staatliche Stellung eingetreten ist, die übrigen neun Herren wiederzuwählen.

Geh. Kommerzienrat **Heckmann**-Berlin: Meine Herren, ich bitte Sie, von der Wiederwahl des Herrn Kommerzienrat Menck und von meiner Wiederwahl gütigst absehen zu wollen. Wir beide sind in leitenden Stellungen bei dem Verein Deutscher Arbeitgeberverbände, und da dieser Verein mit der Hauptstelle einen Kartellvertrag hat, so glaube ich, daß unsere Arbeit bei Ihnen nicht mehr notwendig erscheint. Wir betrachten daher unsere Präsentation nur als eine Courtoisie, für die wir verbindlichst danken.

Vorsitzender: Meine Herren, wir werden ja naturgemäß nicht in der Lage sein, dem Wunsche der beiden Herren entgegentreten zu können. Deshalb schlage ich Ihnen vor, an Stelle des Herrn Geh. Kommerzienrat Heckmann Herrn Dittmar-Magdeburg, Vorsitzenden des Arbeitgeberverbandes für die Provinz Sachsen, an Stelle des Herrn Kommerzienrat Menck den Herrn Fabrikbesitzer Richard Brückner aus Calbe a. S., Vorsitzenden des Vereins Deutscher Papierfabrikanten, und an Stelle des Herrn Bergmeisters Engel Herrn Bergrat Kleine in Dortmund zu wählen.

Die Herren sind damit einverstanden. Die Wahl dieser 10 Herren ist also hiermit vollzogen.

Wir kommen zu Punkt III der Tagesordnung:

Stellung des Centralverbandes zu den bedeutenderen sozialpolitischen Fragen.

Ich bitte den Herrn Referenten Generalsekretär Bueck das Wort zu nehmen.

Herr Generalsekretär **Bueck**-Berlin: Meine hochgeehrten Herren! Den Herren Mitgliedern des Verbandes wird aufgefallen sein, daß der Geschäftsbericht sich nicht auf der Tagesordnung befindet. Er ist fortgelassen mit Rücksicht auf unsere heutigen bedeutsamen Verhandlungen. Der Bericht über die geschäftliche Tätigkeit des Centralverbandes seit der letzten Delegiertenversammlung wird Ihnen mit dem Bericht über diese Versammlung zugehen. Ueber die allgemeinen, in Beziehung zu der Industrie stehenden Verhältnisse Ihnen einen Bericht zu erstatten, werde ich wahrscheinlich im Laufe des Winters noch Gelegenheit haben.

Bisher ist es Gewohnheit des Centralverbandes gewesen, bezüglich der ihn beschäftigenden großen Fragen erst dann Stellung zu nehmen, wenn dies seitens der Verbündeten Regierungen entweder durch die Vorlage von fertigen Gesetzentwürfen oder durch sonstige bestimmte Meinungsäußerungen geschehen war. Heute werden sie aufgefordert, zu einer Reihe bedeutender sozialpolitischer Fragen schon vorher sich programmatisch zu äußern. Dieses Verfahren ist eingeschlagen worden mit Rücksicht auf die veränderten Verhältnisse infolge des Ergebnisses der Neuwahlen, der Haltung des neuen Reichstages zu den sozialpolitischen Fragen und des Wechsels in der Besetzung des Staatssekretariats des Innern.

Der wegen der wenig zuverlässigen Haltung einzelner Parteien im Reichstag begonnene Wahlkampf konnte nur mit Erfolg durchgeführt werden, wenn er mit voller Schärfe und Entschlossenheit gegen die Sozialdemokratie gerichtet war. Das geschah. Sie wurde stark aufs Haupt geschlagen und ging nur etwa mit der Hälfte ihrer bisherigen Vertretung im Reichstag aus der Wahlschlacht hervor. Eine, wenn auch in ihren einzelnen Teilen von verschiedenen politischen Grundanschauungen ausgehende, so doch von derselben nationalen Gesinnung beseelte Mehrheit zog, zur Freude und Befriedigung aller treu zu Kaiser und Reich stehenden Bürger in den Reichstag ein. Bezüglich der Behandlung nationaler Fragen war volle Bürgschaft für die zuverlässige Haltung des Reichstages gegeben. Bei uns, den Vertretern des allergrößten und bedeutendsten Teiles der Industrie, war die Hoffnung entstanden, daß auch in Bezug auf die Behandlung sozialpolitischer Fragen eine ruhigere, besonnenere und mehr objektive Haltung im Reichstage Platz greifen würde.

Meine Herren! Schon seit Jahren fesselte uns bei der Eröffnung jeder neuen Session des Reichstages das Schauspiel des Wettlaufs der Parteien um die Gunst der Massen. Er vollzog sich, indem auf allen irgend in Betracht kommenden Gebieten, angeblich zu Gunsten des

Wohles der Arbeiter, in dringendster Weise Verschärfungen und Erweiterungen der sozialpolitischen Gesetzgebung verlangt wurden. Entschuldigend für diese Haltung könnte man vielleicht hinweisen auf das übermächtige Vordringen der Sozialdemokratie. Man könnte annehmen, daß die Parteien glaubten, nur durch die Betätigung eines weit vorgeschrittenen Sozialismus und einer gewissen Arbeitgeberfeindlichkeit Terrain in den Massen gewinnen zu können.

Das Ergebnis der letzten Reichstagswahlen hat das Gegenteil erwiesen. Die soziale Umschmeichelung der Wähler hat sich als gänzlich zwecklos herausgestellt, denn die für die Sozialdemokratie abgegebenen Stimmen haben nicht ab-, sondern zugenommen. Die Niederlage der Sozialdemokratie ist nur erreicht worden durch die starke Aufrüttelung und kraftvolle Zusammenfassung der an sich indolenten, aber von Hause aus national und königstreu gesinnten Wähler. (Sehr richtig!)

Mit dem Zusammentritt des neuen Reichstages ergoß sich über ihn eine Flut von sozialpolitischen Resolutionen, Anträgen und Gesetzentwürfen, ein „Lawinensturz", wie der Herr Staatssekretär des Innern damals diesen Vorgang bezeichnete. Sie bewegten sich zum Teil in extrem sozialideologischer Richtung. Daß die autoritative Stellung des Arbeitgebers in seinem Betriebe aufzuhören hat, daß dem Arbeiter das volle Mitbestimmungsrecht in den Betrieben gegeben werden müsse, war nicht mehr ein Argument, das bewiesen werden mußte, es war ein Axiom geworden. Jedes gegen die Unternehmer und Arbeitgeber gerichtete Schlagwort, selbst die weltfremden, verworrenen Theorien des Dr. Naumann, wurden mit brausendem Jubel aufgenommen und begrüßt. Ueber diese Stimmung und die von ihr beeinflußten Vorgänge habe ich mir erlaubt, Ihnen in dem Heft Nr. 106 unserer Verhandlungen und Berichte eine ausführliche Darlegung als Einleitung in die heutigen Verhandlungen zu unterbreiten.

Diese Haltung des Reichstages mußte die Industrie mit ernster Sorge erfüllen, daß die sozialpolitische Gesetzgebung des Reiches eine extreme Richtung einschlagen könne, und dies um so mehr, da sie sich der Wahrnehmung nicht hatte entziehen können, daß der an der Spitze des Staatssekretariats des Innern stehende hohe Staatsbeamte, dessen überreiche Schätze an Kenntnissen, dessen unvergleichliche Arbeitskraft, dessen ideale Auffassung von der Erfüllung seiner Pflichten und nie versagende vornehme Haltung in der Industrie stets volle Anerkennung gefunden hat, daß dieser hohe Staatsbeamte geneigt schien, selbst verhältnismäßig weitgehenden, nach unserer Auffassung mit den Interessen der Industrie unvereinbaren Bestrebungen wohlwollende Förderung zu erweisen. Nun trat der Wechsel in der Besetzung des Staatssekretariats des Innern ein. Ueber die Stellung des neuen Verwalters dieses hochbedeutungsvollen Amtes zu den sozialpolitischen Fragen war nichts bekannt geworden; die Möglichkeit war jedoch nicht ausgeschlossen, daß sie in manchen Beziehungen von derjenigen seines Vorgängers abweichen könnte.

Alle diese Umstände haben Ihr Direktorium veranlaßt, anzunehmen, daß es im Interesse der Industrie liege, dieses Mal schon jetzt Stellung zu nehmen zu einer Reihe im Vordergrunde der Erörterung stehender sozialpolitischer Fragen.

Aber es kamen noch weitere Erwägungen hinzu. Einleitend haben wir uns erlaubt, in Ihre Erinnerung die hochbedeutenden Kundgebungen neuerer Zeit zu bringen, die in Bezug auf die Sozialpolitik in der letzten Thronrede erfolgt sind, die erfolgt sind in einer großen Rede des Herrn Reichskanzlers, der sich auch direkt an den Centralverband gewendet hat mit dem Ausdrucke der Hoffnung, „daß ihm bei der Abstellung sozialer Mißstände die wertvolle Unterstützung des Centralverbandes nicht fehlen werde".

Angesichts aller dieser Tatsachen, dieser schwerwiegenden Aeußerungen von Allerhöchster und hoher Stelle, hat der Centralverband die Pflicht, seine Stellung zur Sozialpolitik bereits jetzt offen vor aller Welt darzulegen. Es empfiehlt sich, das zu tun auch angesichts der Tatsache, daß von seinen Gegnern und Neidern, unter gänzlicher Nichtachtung der Tatsachen, der Centralverband wieder und immer wieder als entschiedener Gegner aller sozialpolitischen Maßnahmen, als der Inbegriff arbeiterfeindlicher Gesinnung bezeichnet wird.

In der von mir bearbeiteten Geschichte des Centralverbandes habe ich aktenmäßig bewiesen, daß der Centralverband in ernster, jahrzehntelanger mühevoller Arbeit die großzügige Sozialpolitik des großen Kaisers und seines treuen Beraters wie wenige andere gestützt, gefördert und in die Wege geleitet hat. Bis auf den heutigen Tag ist noch von keiner Seite, auch von unseren entschiedensten Gegnern nicht einmal versucht worden, diesen Beweis als nicht erbracht oder als mißlungen darzustellen.

Meine Herren, in dem Geiste jener Tätigkeit wird der Centralverband auch weiter eine, im Sinne des Herrn Reichskanzlers gehaltene, wie er sie bezeichnet „gesunde, kräftige, vorurteilslose, vernünftige" Sozialpolitik in aufrichtig arbeiterfreundlicher Gesinnung stützen und fördern. Diese Versicherung ist an die Spitze der Ihnen vorgelegten Erklärungen gestellt; das Direktorium ist Ihrer einmütigen Zustimmung sicher.

Aber in dieser Erklärung ist noch ein Zweites zum Ausdruck gelangt. Der Centralverband hat den Kampf gegen die Sozialdemokratie als eine seiner ersten, vornehmsten und wichtigsten Aufgaben stets erachtet. Freilich hat er, da in seinem Interessenkreis viele andere bedeutungsvolle Fragen liegen, diese Aufgabe nicht in dem Grade erfüllen können, wie andere große Vereinigungen, wie besonders der große Reichsverband, dessen Begründer und Repräsentanten wir heute den Vorzug haben in unserer Mitte zu sehen, weil in diesem die ganzen Kräfte auf einen Punkt konzentriert werden konnten. Aber, meine Herren, der Kampf, den wir bis jetzt geführt haben, kann uns wohl berechtigen, an die Verbündeten Regierungen die dringende Bitte zu richten, gegen die Sozialdemokratie, den äußersten Feind unseres Staates und der Gesellschaft und der wahren Interessen der Arbeiter selbst, den Kampf auch mit allen ihnen zustehenden Mitteln zu führen und die Sozialdemokratie, soweit als irgend tunlich, zurückzudrängen. (Beifall.)

Meine Herren, wir haben darauf hingewiesen, daß dieser Kampf am wirksamsten zunächst geführt werden kann auf dem Gebiete der Krankenkassen. Die erste Resolution oder Erklärung, die Ihnen vorgelegt wird, beschäftigt sich daher mit der Reorganisation des Krankenkassenwesens.

Meine Herren, nach der vergeblichen Behandlung der ersten, am 8. Mai 1881 eingebrachten Vorlage, betreffend die Unfallversicherung der Arbeiter, hatte der Centralverband zuerst und allein erkannt, daß ohne eine vorhergehende durchgreifende Ausgestaltung des Krankenkassenwesens die Durchführung der Unfallversicherung unmöglich sei. Er forderte daher, daß zunächst ein Krankenkassengesetz eingebracht werden möchte. Die Verbündeten Regierungen wie der Reichstag haben diese Ansicht als richtig anerkannt, die Verbündeten Regierungen dadurch, daß sie am 27. April 1882, neben der zweiten Vorlage, betreffend die Unfallversicherung der Arbeiter, auch ein Krankenkassengesetz eingebracht haben, der Reichstag dadurch, daß er dieses zweite Gesetz sofort in Angriff nahm und so schnell förderte, daß es bereits am 15. Juni 1883 verkündet werden konnte.

Die Beratung dieses Gesetzes und dessen Inhalt haben damals in der Industrie Enttäuschung und in gewissem Maße auch Erbitterung hervorgerufen. Die Industriellen hatten seit Jahrzehnten in ihren Krankenkassen einen reichen Schatz von Erfahrungen gesammelt und in ihnen zum Teil mehr geleistet, als das neue Gesetz forderte. Der Centralverband war in allen Stadien der Beratungen bemüht gewesen, diese Erfahrungen zu sammeln und den Gesetzgebern, insbesondere dem

Reichstage, zur Verfügung zu stellen. Aber die Ratschläge der Männer aus der Praxis wurden mit verletzendem Mißtrauen aufgenommen und geringschätzig beiseite geschoben. Es war im Reichstag eine Strömung bestimmend geworden, die es im Parteiinteresse für zweckmäßig erachtete, den Forderungen der Arbeiter, das heißt der Sozialdemokraten und ihrer Führer, um jeden Preis das möglichste Entgegenkommen zu erweisen. Diese Strömung ist von Jahr zu Jahr stärker geworden; sie hat, nach unserer Auffassung, bei der späteren sozialpolitischen Gesetzgebung, namentlich auch bei der Umgestaltung der Arbeiterversicherungsgesetze, oft genug gegen die bessere Erkenntnis der Verbündeten Regierungen, einen unheilvollen Einfluß ausgeübt.

Meine Herren, das so zustande gekommene Gesetz entsprach so wenig den Anforderungen der Verhältnisse, daß bereits nach 6½ Jahren, am 22. November 1890, eine umfangreiche Novelle eingebracht werden mußte. Der Centralverband hatte die Genugtuung, daß wesentliche Abänderungsvorschläge der Regierung den Anträgen entsprachen, die er bei Entstehung des ursprünglichen Gesetzes gestellt hatte. An einer gründlichen Reorganisation und Beseitigung der Ursachen der Mißstände, die sich damals schon in den Krankenkassen auszubilden begannen, war die Regierung aber vorübergegangen. Diese Mißstände beruhen auf dem Uebergewicht der Stimmen der Arbeitnehmer in den beschließenden Körperschaften der Krankenkassen. Sie wissen, daß die Arbeiter zwei Drittel der Stimmen haben, die Arbeitgeber nur ein Drittel. Aus diesem Uebergewicht ist hervorgegangen, daß die Krankenkassen zum großen Teil, die Ortskrankenkassen alle, aber auch ein nicht geringer Teil der Betriebs- und Innungskrankenkassen, unter die Herrschaft der Sozialdemokratie gelangten. Diese Herrschaft hat zur Folge, daß die Arbeitervertreter in fast allen Krankenkassen organisierte Sozialdemokraten sind. Sie hat zur Folge, daß alle Beamten in den Ortskrankenkassen, und in den Betriebs- und Innungskrankenkassen die Beamten, über die nicht nach dem Gesetz der Arbeitgeber oder die Innung zu verfügen haben, mit Sozialdemokraten besetzt werden. Es hat sich namentlich der Unfug herausgebildet, daß die besser besoldeten Stellen der Rechnungs- und Kassenführer von den sozialdemokratischen Vorständen der Krankenkassen den verdienstvollen Agitatoren als Belohnung zugewiesen werden, ohne Rücksicht auf ihre Fähigkeit und ihre Charaktereigenschaften. Daraus sind Unordnungen, Veruntreuungen hervorgegangen, die ein öffentliches Aergernis geworden sind. Ueber den Umfang dieser Veruntreuungen und Unordnungen hat der Herr Staatssekretär des Innern bei den letzten Krankenkassennovellen Mitteilungen gemacht, die Erstaunen in den weitesten Kreisen erregt haben.

Meine Herren, diese Mißstände scheinen nicht nur die Industrie und die Oeffentlichkeit beschäftigt zu haben, sondern auch schon seit langer Zeit die maßgebenden Instanzen der Regierung. Ein Zeichen dafür ist, daß der damalige Geheime Regierungsrat Dr. Hoffmann im Ministerium für Handel und Gewerbe im April 1900 zwei Artikel im Preußischen Verwaltungsblatt veröffentlichte, und daß einige Zeit später der Regierungspräsident von Potsdam eine Umfrage in der Form einer Zirkularverfügung vom 11. Juni desselben Jahres veranstaltete, die durch Diebstahl in die Hände der Redaktion des „Vorwärts" und so auch zur Veröffentlichung gelangt ist. Aus diesen Kundgebungen war zu ersehen, daß beiden das Ziel vorgeschwebt hat, die Uebelstände in den Krankenkassen zu beseitigen durch die Gleichstellung des Stimmverhältnisses in den Kassen und auch, was namentlich der Geheimrat Hoffmann hervorgehoben hat, durch eine gewisse Einwirkung der kommunalen Verwaltungen auf die Krankenkassen. Aber der letztgenannte Herr hatte schon damals dargelegt, daß die Vorbedingung für die Gleichstellung der Stimmverhältnisse die Hälftelung der Beiträge sei. Es ist Ihnen bekannt, daß jetzt die Arbeitgeber — und das ist die große Frage, die Sie in diesem Augenblicke beschäftigt — nur ein Drittel der Krankenkassenbeiträge und die Arbeitnehmer zwei Drittel dieser Beiträge zahlen.

Meine Herren, eine neue Novelle zum Krankenkassengesetz wurde am 19. Februar 1903 dem Reichstage vorgelegt. Sie brachte zunächst die allgemein als notwendig anerkannte Ausfüllung der großen Lücke zum Segen der nach 26 Wochen von der Invaliditätsversicherung zu übernehmenden Erwerbsunfähigen. Sie brachte einige Erweiterungen der Leistungen der Krankenkassen im Interesse der Versicherten und sie versuchte auch durch einige Bestimmungen wenigstens den gröbsten Uebelständen in der Verwaltung der Kassen Einhalt zu tun. Diese letzterwähnten Bestimmungen wurden vom Reichstage derart abgeschwächt, daß sie wohl als wirkungslos bezeichnet werden können. Dagegen wurden wesentliche Erweiterungen der Leistungen der Kassen vom Reichstage beschlossen. An einer durchgreifenden Reorganisation des Krankenkassenwesens in der Richtung, die Krankenkassen von der Herrschaft der Sozialdemokratie zu befreien, waren auch dieses Mal die Verbündeten Regierungen vorübergegangen.

Eine gewisse Enttäuschung, die sich namentlich der industriellen Kreise über diese Novelle bemächtigt hatte, wurde einigermaßen gemildert durch die Erklärung des Herrn Staatssekretärs des Innern, daß die Verbündeten Regierungen dieses Gesetz gewissermaßen nur als eine Abschlagszahlung betrachteten, daß sie eine durchgreifende

Reorganisation des ganzen Krankenkassenwesens für nötig erachteten und unverzüglich an die Arbeit gehen würden, sie herbeizuführen. Dieselbe Erklärung wurde in gewisser feierlicher Weise, auf Anfragen aus der Mitte des Reichstags, noch von den Vertretern der größten Bundesstaaten abgegeben.

Inzwischen sind vier Jahre verstrichen. Bis jetzt ist eine Vorlage noch nicht erschienen. Aber Ihr Direktorium glaubte in der Annahme nicht zu irren, daß die betreffenden Instanzen in ernster, sorgfältiger Arbeit bemüht sind, eine solche durchgreifende Reorganisation vorzubereiten.

Meine Herren, durchgreifend kann sie aber nur sein, wenn sie die Herrschaft der Sozialdemokratie über die Krankenkassen ausschaltet, denn diese Herrschaft, wenigstens über einen großen und bedeutenden Teil derselben, bedeutet einen furchtbaren Eingriff in unsere ganzen sozialpolitischen Verhältnisse. Diese Herrschaft ist einer der wesentlichsten Stützpunkte der ganzen Macht der Sozialdemokraten und ihrer Agitation. (Sehr wahr!)

Meine Herren, mein Freund und Kollege, der Abgeordnete Dr. Beumer, hat heute vormittag in der Sitzung des Ausschusses einige Beispiele für die Mißwirtschaft in den Krankenkassen angeführt. Ich könnte eine Stunde sprechen, wenn ich Ihnen weitere Beispiele anführen wollte. Aber, meine Herren, wer sich darüber näher informieren möchte, dem empfehle ich das Studium der Reden, die der freisinnige Abgeordnete Dr. Mugdan, einer der besten Kenner unseres ganzen Krankenkassenwesens, am 29. Januar und am 3. Februar v. J. im Reichstage gehalten hat. (Sehr gut!)

Meine Herren, eine solche Reorganisation wünschen wir. Wir können es aber nicht unterlassen, dabei auch gleich diejenigen Wünsche zu äußern, deren Berücksichtigung wir beim Erlaß eines neuen Krankenkassengesetzes oder einer Novelle zu dem Gesetz erwarten.

Meine Herren, die Industrie wünscht einmütig die Erhaltung der jetzigen Betriebskrankenkassen. Wir haben in der betreffenden Erklärung das nicht unbedingt gesagt, denn, meine Herren, wir glauben, daß ein Teil der Betriebskrankenkassen — ich erinnere die Herren vom Westen her an einen bekannten Vorgang in Iserlohn — nur gebildet worden sind, um die Arbeiter den sozialdemokratischen Einwirkungen in den Ortskrankenkassen zu entziehen. Dadurch sind Bildungen entstanden, meine Herren, Krankenkassen, die sieben und acht Mitglieder haben, und solche Institutionen zu erhalten, wenn dieser unheilvolle Einfluß der Sozialdemokratie gemildert oder ganz ausgeschaltet ist, dazu liegt vielleicht keine Veranlassung vor. Daher haben wir nicht verlangt, daß unbedingt jede Betriebskrankenkasse erhalten werden solle, sondern wir haben uns auf die Forderung im allgemeinen beschränkt und glauben, daß sie auch eine wohlwollende Berücksichtigung bei den betreffenden Instanzen finden wird.

Wir wünschen ferner und bitten, daß die Bestimmungen des § 64 Ziffer 1—5, in denen u. a. die Berechtigung des Arbeitgebers ausgesprochen ist, die Statuten für seine Betriebskrankenkasse zu erlassen und den Vorsitzenden zu ernennen, erhalten bleiben.

Wir wünschen, daß der Vorsitz in den Ortskrankenkassen von einer dazu geeigneten öffentlichen Behörde ernannt wird, und daß diesem Vorsitzenden das Recht zugestanden wird, bei Stimmengleichheit die Entscheidung zu treffen.

Wir erwarten, daß bei dem Gesetz das Verhältnis der Aerzte und Apotheker in der Weise geordnet werden wird, daß sie vor unbilligen Anforderungen, die sich in einzelnen Fällen zur Korruption gestaltet haben, von seiten der Krankenkassen bewahrt werden. Wir erwarten aber auch, meine Herren, daß die Krankenkassen in ihrer öffentlich-rechtlichen Stellung gegen unberechtigte Anforderungen der Aerzte und Apotheker geschützt werden. Wir verlangen, daß unter jeden Umständen die unbedingt-freie Arztwahl nicht gesetzlich eingeführt werde, bitten aber, daß die beschränkt-freie Arztwahl, die sich in vielen Krankenkassen bewährt hat, zugestanden werden möchte.

Meine Herren, in der Hoffnung, daß diese Wünsche befriedigt werden, schlägt das Direktorium Ihnen vor, daß die im Centralverbande vertretene Industrie sich bereit erklären möge, zur Erreichung aller dieser Zwecke, namentlich zur Verdrängung der Sozialdemokratie aus den Krankenkassen, die Hälfte der Beiträge zu zahlen und dadurch die Gleichstellung des Stimmverhältnisses in den Organen der Krankenkassen zu ermöglichen.

Meine Herren, sie können sich wohl denken, daß der Vorlage eines solchen Beschlusses sehr eingehende Erwägungen in Ihrem Direktorium und auch schon in einzelnen Kreisen der Industrie vorangegangen sind, und ich kann Ihnen nicht verhehlen, daß ernste Bedenken dabei hervorgetreten sind, auf die ich mir erlauben möchte, mit einigen Worten einzugehen.

Meine Herren, zunächst ist darauf verwiesen worden, daß die Arbeitgeber, trotzdem sie in ihren Betriebskrankenkassen nur ein Drittel der Stimmen haben, mit ihnen doch bisher ohne große Schwierigkeiten durchgekommen sind, daß demgemäß keine Veranlassung vorliege, in der erwähnten Weise das Gesetz zu ändern, noch viel weniger so bedeutende große Lasten neu zu übernehmen.

Meine Herren, bei diesem Einwand wird zunächst der große sozialpolitische Gesichtspunkt der Bekämpfung der Sozialdemokratie gänzlich außer acht gelassen. Ich möchte mir erlauben, hervorzuheben, daß unser Anerbieten, gegen das Bedenken hauptsächlich mit Bezug auf die Belastung erhoben werden, doch auch rechnerisch gewertet werden kann. Die Sozialdemokratie hat der Industrie bereits furchtbaren Schaden zugefügt, und, wenn es in der bisherigen Weise fortgeht, so wird die Industrie noch gewaltig mehr durch Störungen in der Arbeit 2c. geschädigt werden. Setzen Sie das einmal in Geld um. Meine Herren, die Uebernahme des Sechstels mehr an Krankenkassenbeiträgen würde bei der Firma Krupp für ihr Werk in Essen mit 30 000 Arbeitern eine Mehrausgabe von ca. 300 000 M. ausmachen. Das ist durch genaue Rechnungen festgestellt. 300 000 M. ist eine hohe Summe. Aber denken Sie einmal, es sollte der Sozialdemokratie gelingen — die Möglichkeit ist durchaus nicht ausgeschlossen —, auch nur einen der zahlreichen mächtigen Betriebe dieses gewaltigen Werkes für acht Tage zum Stillstand zu bringen: wievielmal 300 000 M. würde die Firma dadurch verlieren! (Sehr wahr!) Und so kann es den Großindustriellen und den Kleinen gehen. Also, meine Herren, auch unser Anerbieten läßt sich rechnerisch verwerten zu Gunsten der Annahme des Vorschlages Ihres Direktoriums.

Aber, meine Herren, diejenigen, die sich darauf stützen, daß sie bis jetzt ziemlich gut mit ihren Krankenkassen weggekommen sind, sind daran zu mahnen, wenn sie es an eigenem Leibe nicht schon erfahren haben sollten, daß, ich will einmal sagen im Verlaufe der letzten fünf Jahre diese Verhältnisse sich außerordentlich verschlechtert haben. Gestern wurde von dem Vertreter eines unserer größten Werke mitgeteilt, daß in der Krankenkasse dieses Werkes die Vertreter der Arbeitnehmer, die — ich erwähnte es schon vorhin — auch in den Betriebskrankenkassen gewisse Aemter zu vergeben haben, zu Rechnungsrevisoren zwei außerhalb des Werkes stehende bekannte sozialdemokratische Agitatoren gewählt haben, einen Schuhmacher und einen anderen, die beide gar nicht am Orte wohnen und gar nichts mit dem Werk zu tun haben. Das Gesetz gestattet das, der Leiter des Werkes kann nichts dagegen machen. Sie sehen also, meine Herren, daß auch schon in den größten Betriebskrankenkassen heute der sozialdemokratische Einfluß sich außerordentlich mächtig fühlbar macht. Also, meine Herren, darauf möchte ich aufmerksam machen.

Einem anderen Einwand, meine Herren, möchte ich eine größere Bedeutung beimessen. Es wird gesagt, wir kennen die Absichten der Regierung in Bezug auf die Reorganisation des Krankenkassengesetzes noch gar nicht, wir haben in keiner Weise eine Garantie, daß unsere Wünsche und Forderungen, wenn ich sie so bezeichnen darf, bei dem Erlaß des Gesetzes irgendwie berücksichtigt werden. Unter diesen Umständen sei es voreilig und eine schlechte Taktik, jetzt schon ein solches Anerbieten zu machen, das besser in der Tasche behalten werde, um ausgespielt werden zu können, wenn wir in späteren Zeiten, nachdem das Gesetz vorliegt, eine Berücksichtigung unserer Wünsche zu erreichen suchen. Meine Herren, ich glaube, daß dieser so berechtigt erscheinende Einwand mit der tatsächlichen Gestaltung der Verhältnisse kaum in Uebereinstimmung gebracht werden kann. Die Absichten der Regierung werden wir kennen lernen, wenn sie ihre Entschließungen fest und bindend gefaßt haben wird. Wie äußerst schwierig, in den meisten Fällen unmöglich es ist, dann noch eine Berücksichtigung der Wünsche der Industrie herbeizuführen, das hat der Centralverband während seines jetzt 31 jährigen Bestehens leider nur zu oft schmerzlich erfahren müssen. (Sehr richtig!) In diesem Stadium würde unser Anerbieten aber auch zwecklos sein; denn wenn die Regierung auch dieses Mal nicht entschlossen sein sollte, mit einer durchgreifenden Reorganisation des Krankenkassenwesens den Kampf gegen die Sozialdemokratie — denn es ist ein solcher — aufzunehmen, dann wird es eben, auch wenn wir dann mit unserem freiwilligen Angebot hervortreten, beim alten bleiben. Ist die Regierung aber entschlossen, den Kampf mit der Sozialdemokratie und ihren Helfern in den bürgerlichen Parteien aufzunehmen, so wird sie die unerläßlichen Vorbedingungen für die Durchführung in das Gesetz schreiben, dazu wird, soweit wir jetzt im stande sind, die Sachlage zu beurteilen, sicher auch die Hälftelung der Beiträge gehören, dann aber würde unser freiwilliges Angebot gegenstandlos geworden sein.

Daher, meine Herren, bin ich zu der Annahme gelangt, daß bei diesem Einwand der eigentliche Grund des Antrages Ihres Direktoriums gar nicht erfaßt worden ist. Es handelt sich hier nicht um eine Schwenkung der Politik des Centralverbandes, wie es auch gesagt worden ist, indem er seine negierende Stellung gegen Belastungen jetzt aufgebe, um zur Regierung hinzulaufen und ihr das Geld auf den Tisch zu legen, die Erklärung abzugeben, größere Lasten zu übernehmen. Zunächst ist es gar nicht richtig, daß der Centralverband eine solche abwehrende Stellung eingenommen hat; denn unsere ganze Haltung zur sozialpolitischen Gesetzgebung, zu den Arbeiterversicherungen beweist am klarsten und deutlichsten, daß er Opfer zu bringen willig gewesen ist. Daher ist von einer Schwenkung nicht die Rede. Aber Ihr Direktorium glaubt mit Bestimmtheit annehmen zu dürfen, daß die einmütige Erklärung des übergroßen Teiles der deutschen Industrie, der Großen wie der Kleinen, die Hälfte der Beiträge zu den Krankenkassen übernehmen zu wollen, dazu beitragen wird, der Regierung den Entschluß zu erleichtern, eine Reorganisation des Krankenkassenwesens in dem hier erwähnten Sinne durchzuführen, diesen schweren Kampf aufzunehmen, denn außerordentlich schwer wird er sein, und ob es gelingen wird, ist auch noch eine Frage. Meine Herren, das ist der eigentliche Grund für den Antrag, den das Direktorium an Sie gestellt hat. Daher bittet Sie das Direktorium, diesen Antrag anzunehmen.

Meine Herren, das Direktorium hat aber geglaubt, Sie auffordern zu sollen, auch noch zu einigen anderen sozialpolitischen Fragen Stellung zu nehmen und zwar zunächst zur Aenderung der Arbeiterversicherungsgesetze.

Mit der großen Arbeiterversicherungsgesetzgebung hat das Deutsche Reich mit äußerster Zähigkeit und mit unvergleichlichem Wagemut eine Kulturarbeit erster Ordnung vollzogen, die, vorbildlich für alle Zeiten, ihm alle Zeit zum Ruhme gereichen wird. Das große Gebäude ist würdig seiner Begründer, des großen Kaisers und des unvergeßlichen ersten Kanzlers, ausgefallen. Freilich, ihre Absicht, die verhetzten Massen zu versöhnen, ist nicht erreicht worden. Aber diese Massen sind vor Not und Elend in einem Maße behütet worden, wie es bis dahin für unglaublich in der sozialen Geschichte der Völker erachtet worden war.

Meine Herren, an diesen Gesetzen sind im Laufe der Zeit große Aenderungen vorgenommen worden, in unseren Augen nicht immer Verbesserungen, denn bei diesen Arbeiten hat nicht in seltenen Fällen die von mir bereits erwähnte sozialistische Strömung, haben theoretische Anschauungen den Ausschlag gegeben. Eine der bestrittensten Fragen war immer die Zusammenlegung der Versicherungsgesetze gewesen. In dieser Beziehung haben die Ansichten, wenigstens des früher an der Spitze des Reichsamtes des Innern stehenden hohen Staatsbeamten, mehrmalig gewechselt. In den Gesetzen, die von 1896 bis 1900 die große Umgestaltung der Arbeiterversicherungsgesetzgebung herbeiführten, nahm die Regierung mit außerordentlich eingehender Begründung entschieden Stellung gegen die Zusammenlegung der Versicherungsgesetze. In der Rede, meine Herren, die der Herr Staatssekretär des Innern am 2. März 1905 im Reichstage gehalten hat, bezeichnete er die Zusammenlegung der Versicherungsgesetze, der drei Versicherungsarten, als durchaus notwendig und die Herbeiführung dieser Zusammenlegung gewissermaßen als seinen Lebenszweck, als den Hauptzweck seiner noch übrigen amtlichen Tätigkeit. In der ersten Session dieses Reichstages gab der Staatssekretär Erklärungen ab, aus denen zu erkennen war, daß er in dieser Beziehung wieder anderer Ansicht geworden war. Die Zusammenlegung wies er zurück. Er hielt aber eine Aenderung der Arbeiterversicherungsgesetze, als deren Grundlage er die Reorganisation des Krankenkassenwesens bezeichnete, in der Richtung des Ausbaues nach Maßgabe der vorliegenden Bedürfnisse für erforderlich. Es sollten die Reibungen zwischen den verschiedenen Versicherungsarten beseitigt und die ganze Institution vereinfacht werden. Vor allem aber sollte der Unterbau verbessert werden — und in dieser Beziehung hat der Herr Staatssekretär seine Ansicht nicht geändert, sondern immer denselben Standpunkt vertreten —, da er die mangelhafte Funktionierung desselben als eine Gefahr für unsere ganze Sozialpolitik, namentlich in finanzieller Hinsicht, bezeichnete.

Jeder praktische Mann wird sich sagen müssen, daß an einem so gewaltigen Werke, bei dessen Entstehung bezüglich einzelner Teile mit vollem Recht von einem Sprunge ins Dunkle gesprochen werden konnte, die ausgleichende und bessernde Hand nie ruhen darf. Ihr Direktorium bittet Sie zu erklären, daß der Centralverband, wie er es bisher getan hat, auch in Zukunft bereit sein wird, derartige Bestrebungen, wie sie von den Verbündeten Regierungen ausgehen, soweit sie vereinbar sind mit den Interessen der Industrie und der Allgemeinheit, zu stützen und zu fördern.

Meine Herren, Sie werden aber gebeten, in Bezug auf zwei Punkte hier besondere Erklärungen abzugeben. Hinsichtlich der Zusammenlegung der Versicherungsgesetze hat der Centralverband niemals seine Stellung geändert. Er ist immer ein entschiedener Gegner derselben gewesen und bittet Sie auszusprechen, daß er besonders erwartet und wünscht, daß die Berufsgenossenschaften für die Unfallversicherung der Arbeiter in ihrem Bestande und in ihrer Selbstverwaltung nicht angetastet werden. (Beifall.) Denn, meine Herren, Sie werden mir alle zustimmen: von allen Versicherungsgesetzen hat die Unfallversicherung bisher am besten gearbeitet. (Sehr wahr!)

Aber noch in einem anderen Punkte werden Sie aufgefordert, eine Bitte an die Verbündeten Regierungen zu richten, das ist in Bezug auf die ganz exorbitant hohen Beiträge zu den Reservefonds. (Sehr wahr!)

Meine Herren, bei Beratung der Vorlage vom 3. November 1900, welche die letzte Aenderung des Unfallversicherungsgesetzes brachte, wurde in der Kommission des Reichstages von dem Abgeordneten Schmidt-Elberfeld — ob aus eigener Initiative, lasse ich hier unerörtert — der Antrag eingebracht, das schwer erkämpfte Umlageverfahren für die Unfallversicherung durch das Kapitaldeckungsverfahren zu ersetzen. Das war im Januar. Schon am 13. Februar 1901 beschäftigte sich die Delegiertenversammlung des Centralverbandes mit diesem Antrage und erhob gegen ihn lauten Protest, der in allen, mit der Unfallversicherung in Verbindung stehenden Kreisen solchen Widerhall fand, daß von der Kommission des Reichstages der Antrag Schmidt-Elberfeld fallen gelassen wurde. Dafür wurde aber ein Antrag eingebracht auf eine außerordentliche Erhöhung der Reservefonds der Berufsgenossenschaften durch Zuschläge, die für 21 Jahre in Aussicht genommen waren. Durch diese Zuschläge sollte der Reservefonds, der damals auf den Kopf des Versicherten rund 20 M. betrug, zunächst durch die Zuschläge auf 85 M. und dann durch den Zuwachs an Zinsen auf 100 M. rund pro Kopf des Versicherten gebracht werden, auf das Fünffache dessen, was rechnerisch die höchste Umlage hätte sein können. Meine Herren, mit anderen Worten, es sollte der Reservefonds der gewerblichen und landwirtschaftlichen Berufsgenossenschaften, der damals schon 141 Millionen Mark betrug, in der Zuschlagszeit um rund 440 Millionen Mark erhöht werden, im ganzen aber durch den Zuschlag der Zinsen sollte er auf weit über eine halbe Milliarde, auf rund 560 Millionen Mark gebracht werden. Es ist mir jetzt nicht möglich, weiter auszuführen, wie der Beschluß vom Reichstag nur gefaßt werden konnte in gänzlicher Verkennung des Wesens und der Grundlagen einer auf Reichsgesetz beruhenden Zwangsversicherung. Nur diese gänzliche Verkennung hat den Reichstag dazu führen können, die bei einer auf Freiwilligkeit basierten, privaten Versicherung durchaus notwendigen Sicherheitsmaßregeln, auch als erforderlich für die staatliche Zwangsversicherung zu erachten. Daher kam es auch, daß eine Defizitrechnung, die für die staatliche Zwangsversicherung absolut bedeutungslos war, in dem Reichstag den entscheidenden Einfluß ausüben konnte.

Meine Herren, diese Zuschläge werden von der Industrie ungemein schwer empfunden. Wie der Drain dem Acker fortgesetzt die Feuchtigkeit entzieht, so entzieht diese Gesetzesbestimmung der Industrie fortgesetzt Kapital, nur mit dem Unterschiede, daß jener Drain segensreich und befruchtend wirkt, während hier die entzogenen Kapitalien unfruchtbar angelegt werden, Kapitalien, die in den Taschen der Industriellen befruchtend und segensreich für das ganze wirtschaftliche Leben wirken würden. (Beifall.)

Die Aufbringung dieser großen Zuschläge wird jetzt noch wesentlich erschwert durch die unerhörte Knappheit und Verteuerung des Geldes, die schon seit Jahr und Tag eingetreten ist, deren Dauer auch nicht abzusehen ist. Im Hinblick auf alle diese Zustände werden

Sie aufgefordert, wiederholt an die Verbündeten Regierungen die dringende Bitte zu richten, diese Frage in nochmalige und wohlwollende Erwägung zu ziehen, trotz der unbedingt ablehnenden Erklärung, die von dem Kaiserlichen Geheimen Rat Dr. Beckmann in der letzten Sitzung des neuen Reichstages bereits im voraus abgegeben worden ist.

Meine Herren, wir bitten Sie, sich zustimmend zu erklären zu der Einführung der Witwen- und Waisenversicherung. Die Witwen- und Waisenversicherung ist eingeführt für die ganze Bergbaubevölkerung, für die seefahrende Bevölkerung und durch die Unfallversicherung auch für die Hinterbliebenen der in den Betrieben tödlich verunglückten Arbeiter. Für die große Menge der gewerblichen Arbeiter besteht sie nicht. Ihr Direktorium erkennt an, daß hier eine Lücke auszufüllen ist, daß es sich hier um den Abschluß des großen, von Kaiser Wilhelm und seinem treuen Kanzler begonnenen Werkes handelt, um die Krönung der ganzen Arbeiterversicherung, und bittet Sie, sich wohlwollend dazu zu äußern, zu erklären, daß Sie auch bereit sind, für die Witwen und Waisen in Zukunft diejenigen Opfer zu übernehmen, die Ihnen in loyaler Weise zugemutet werden können. Ich glaube, meine Herren, daß Ihnen durch eine Betrachtung der tatsächlichen Verhältnisse die Beschlußfassung in dieser Beziehung erleichtert werden wird.

Durch den § 16 des Zolltarifgesetzes vom 25. Dezember 1902 ist bestimmt worden, daß gewisse Erträgnisse aus den Lebensmittelzöllen thesauriert werden sollen für die leichtere Durchführung der Witwen- und Waisenversicherung. Wenn ich nicht irre, ist in dem Budget für 1908 ein Betrag von 48 Millionen Mark zu diesem Zweck ausgeworfen. Meine Herren, in dem § 16 des Zolltarifgesetzes ist aber auch bestimmt worden, daß die Witwen- und Waisenversicherung mit dem 1. Januar 1910 in Wirksamkeit treten soll. Sollte das Gesetz bis dahin nicht fertig werden, so sollen diese aufgesparten Fonds und die weiter aus den Zöllen zufließenden Beträge den Landesversicherungsanstalten zur Durchführung der Witwen- und Waisenversicherung überwiesen werden. Nun, meine Herren, darf ich wohl annehmen, daß in Ihren Kreisen keine Differenz der Anschauung darüber besteht und bestehen wird, daß, wenn es sich um eine solche bedeutungsvolle sozialpolitische Maßregel handelt, es besser ist, wenn sie einheitlich durch Reichsgesetz eingeführt wird, als wenn die einzelnen Landesversicherungsanstalten sie möglicherweise unterschiedlich regeln (sehr richtig!), und daher glaube ich, daß Sie in Erwägung dieses Umstandes um so leichter dazu geführt werden können, diesen Beschluß zu fassen.

Aber auch in dieser Beziehung, meine Herren, ist nach den Erfahrungen, die die Industrie gemacht hat, eine gewisse Vorsicht notwendig. Meine Herren, ich erlaube mir, Sie daran zu erinnern, daß in den beiden ersten Vorlagen, betreffend die Unfallversicherung der Arbeiter, die Verbündeten Regierungen die Verteilung der Last auf die drei Faktoren, Arbeitgeber, Arbeiter und auf die Allgemeinheit, letzteres in der Form eines Reichszuschusses, verlangten. Der Altreichskanzler trat für diese Verteilung der Last mit unwiderleglichen Gründen und mit der ganzen Macht seiner Persönlichkeit ein. Die Strömung im Reichstage, von der ich vorhin sprach, hat es jedoch bewirkt, daß dieser Standpunkt aufgegeben und die Industrie mit den ganzen Kosten der Unfallversicherung belastet worden ist. Meine Herren, diese Erfahrungen veranlassen das Direktorium, Sie zu bitten, die Erwartung auszusprechen, daß diesmal die drei Faktoren, die ich eben bezeichnete, an der Tragung der Last beteiligt werden. Namentlich möchte ich mir erlauben, hervorzuheben, daß die Gründe, die vielleicht damals berechtigt gewesen sein mögen, die Arbeiter von Beiträgen zu befreien, heute nicht mehr bestehen können. Einmal hat sich die materielle Lage der Arbeiter wesentlich gebessert (sehr richtig!) und zweitens liefern die Arbeiter durch ihre so exorbitant hohen freiwilligen Beiträge an ihre Organisationen (sehr wahr!) und zu den Kämpfen gegen die Arbeitgeber den deutlichsten Beweis von ihrer finanziellen Leistungsfähigkeit. (Zustimmung.)

Meine Herren, wir bitten dann aber auch die Verbündeten Regierungen, ein Verfahren wieder einzuschlagen, welches sich bei der Entstehung der großen Arbeiterversicherungsgesetze außerordentlich bewährt hat. Am 28. Februar 1882 legten die Verbündeten Regierungen dem durch Kaiserliche Verordnung vom 7. November 1880 errichteten preußischen Volkswirtschaftsrat die Grundzüge für eine Unfallversicherung vor. Zu Beginn des Jahres 1884 veröffentlichten die Verbündeten Regierungen neue Grundzüge für die Unfallversicherung und stellten sie so der allgemeinen Erörterung anheim. Meine Herren, am 17. November 1887 veröffentlichten die Verbündeten Regierungen Grundzüge für die Invaliden- und Altersversicherung, und am 5. Dezember begann die Beratung dieser Grundzüge im preußischen Volkswirtschaftsrat. Dieses Verfahren hat sich außerordentlich bewährt. Es erleichterte die Verständigung über bedeutungsvolle Fragen und erleichterte auch, wie ich glaube behaupten zu dürfen, die endgültige Aufstellung der Gesetzesvorlagen. Wir bitten die Verbündeten Regierungen, auch bezüglich der Witwen- und Waisenversicherung dieses bewährte Verfahren wieder aufzunehmen und demgemäß tunlichst bald

Grundzüge für die Witwen- und Waisenversicherung der öffentlichen Prüfung und der öffentlichen Kritik anheim zu geben.

Meine Herren, über die nächsten beiden Punkte, die Heimarbeit und die Pensionsversicherung für die Privatangestellten, habe ich im ganzen nicht viel zu sagen, da das Nötige schon in den Ihnen vorliegenden Erklärungen ausgesprochen worden ist. Das Direktorium schlägt Ihnen vor, sich damit einverstanden zu erklären, daß in vorsichtiger Weise und unter Berücksichtigung der eigentümlichen, im einzelnen sehr verschiedenartig gestalteten Verhältnisse, besonders auch der Interessen der großen Industrien, die bezüglich eines bedeutenden Teiles ihrer Produktion auf Heim- und Hausarbeit angewiesen sind, gewisse Bedingungen des Arbeiterschutzes und unserer Arbeiterfürsorge auch auf die Hausindustrie und die Heimarbeit ausgedehnt werden. Ferner wird bei Ihnen beantragt, die von den Vereinigungen der Privatangestellten seit geraumer Zeit sehr lebhaft vertretene Forderung einer staatlichen Pensionsversicherung durch eine entgegenkommende Erklärung zu unterstützen.

Eine Erörterung dieser Frage hat bereits vor einiger Zeit in Ihrem Direktorium stattgefunden. Dabei ist, bei allem Wohlwollen für die Privatangestellten, doch auch die voll berechtigte Frage erörtert worden, ob nicht der moralische Wert und Halt der Gesamtheit des Volkes leiden müßte, wenn immer weitere Teile und Klassen desselben der Selbstverantwortung für das eigene Geschick und das der ihrigen, wenn auch nur in begrenztem Umfange, durch die Fürsorge des Reiches enthoben werden. Auch ist es der Beobachtung ihres Direktoriums nicht entgangen, daß die Bewegung in den Kreisen der Privatangestellten in einzelnen ihrer Organisationen sich einer Richtung zuzuwenden scheint, die bisher nur von den gewerkschaftlichen Vereinigungen der sozialdemokratisch gesinnten Arbeiter eingeschlagen worden ist.

Das Direktorium würde es lebhaft bedauern, und Sie werden sich dieser Stimmung sicher anschließen, wenn diese Richtung sich in den Organisationen der Privatangestellten weiter verbreiten und ganz besonders wenn sie auf die Techniker übergreifen sollte. Denn Ihr Direktorium ist der Ueberzeugung, daß das einmütige Zusammenwirken der Unternehmer und ihrer technischen Angestellten eine der hauptsächlichsten Grundlagen für die gewaltigen Fortschritte unserer Industrie gewesen ist, und daß der weitere Bestand dieses guten Verhältnisses auch eine wesentliche Vorbedingung für die weitere günstige Entwickelung der Industrie, aber auch für eine befriedigende Gestaltung der Lage der Angestellten selbst sein wird. Um den Beweis zu erbringen, daß die Industrie, selbst mit Opfern, bereit ist, den Wünschen der Privatangestellten entgegen zu kommen, bittet das Direktorium Sie, die vorgelegte Erklärung anzunehmen.

Meine Herren, wenn Sie diese von mir bisher begründeten Erklärungen annehmen, so werden Sie vor aller Welt beweisen, daß der Centralverband, daß, ich wiederhole es, der von ihm vertretene allergrößte und bedeutendste Teil der deutschen Industrie, weit davon entfernt ist, einen Stillstand der sozialpolitischen Gesetzgebung zu verlangen, daß er vielmehr mit vollem Verständnis für die Förderung des Wohles der Arbeiter, für die sozialen Bedürfnisse der Gegenwart und für die Festigung der Grundlagen der Gesellschaft und des modernen Staats bereit ist, an der Lösung der sozialen Aufgaben unserer Zeit kraftvoll und opferwillig mitzuwirken. Sie werden insbesondere dem Herrn Reichskanzler die Gewißheit geben, daß er sich nicht vergebens mit dem Ausdruck der Hoffnung an Sie gewendet hat, daß Sie in der Beseitigung sozialer Mißstände den Verbündeten Regierungen Ihre Unterstützung nicht versagen werden.

Andererseits fordert das Direktorium Sie jedoch auf, fußend auf der Grundlage dieser Erklärungen, mit der größten Entschiedenheit Widerspruch zu erheben gegen die weitgesteckten sozialpolitischen Bestrebungen, von denen seit Jahren die Industrie schwer beunruhigt wird und die im neuen Reichstag, zu Extremen entwickelt, so lauten Ausdruck gefunden haben.

Meine Herren, der Widerspruch richtet sich zunächst gegen die weitere Entziehung von Arbeitskräften, wie sie im Reichstage auf den verschiedensten Wegen beantragt worden ist, durch direkte Ausschaltung, durch Verkürzung der Arbeitszeit, durch die Verschärfung bereits bestehender einschränkender Bestimmungen.

Meine Herren, Sie werden gebeten, sich im Interesse der gesamten Textilindustrie dagegen auszusprechen, daß die gesetzliche Arbeitszeit der Frauen auf eine kürzere Zeit, als sie jetzt besteht, festgesetzt wird. Sie werden gebeten, das zu tun mit dem Hinweis auf die natürliche Entwickelung, die bereits zu wesentlichen Verkürzungen der Arbeitszeiten geführt hat und unaufhaltsam in dieser Richtung weiterschreitet. Diese Frage wird noch besonders erörtert werden. Bei der außerordentlich vorgeschrittenen Zeit muß ich mich auf diese kurzen Andeutungen beschränken. Der Herr Referent in dieser Frage wird das Weitere sagen.

Meine Herren, ich kann nicht umhin, bei dieser Gelegenheit dem außerordentlich schmerzlichen Empfinden der betreffenden Industrien darüber Ausdruck zu geben, daß von den Staatswerkstätten die so bedeutende Kürzung der Arbeitszeit auf neun Stunden eingeführt worden ist (lebhafte Zustimmung), ohne daß vorher eine Verständigung mit den schwer betroffenen Industrien herbeigeführt worden ist. (Sehr richtig!)

Meine Herren, die Industrie hat einen guten Grund zu dieser schmerzlichen Empfindung, denn sie mußte erkennen, daß die Frage der Rentabilität, die Grundlage für den Bestand der Privatindustrie, von der Königl. Staatsverwaltung nicht in Berücksichtigung gezogen wurde. Das hatte die Staatsverwaltung für sich ja auch nicht nötig, da die Verlustposten in der Rechnung, die auf die Dauer den Privatindustriellen zu Grunde richten, bei den Staatswerkstätten von der Allgemeinheit getragen werden müssen. (Sehr richtig!) Es kommt auch noch der Gesichtspunkt in Betracht, daß das, was die Staatswerkstätten selbst von der Privatindustrie entnehmen müssen, durch diese bedeutende Kürzung der Arbeitszeit, der sich unzweifelhaft die Privatindustrie anschließen muß, wesentlich verteuert wird. Nach meiner Kenntnis ist dieses Vorgehen der Staatswerkstätten von der Privatindustrie sehr, sehr bitter empfunden worden.

Meine Herren, Sie werden gebeten, Einspruch zu erheben gegen jede weitere Einschränkung und Einengung der Betriebe, wie sie so vielfach im Reichstage beantragt worden ist, auf Grund von aufgebauschten, eingebildeten und vielleicht gar nicht vorhandenen Gefahren für Leben und Gesundheit der Arbeiter in den betreffenden Betrieben.

Meine Herren, gestützt auf den Umstand, daß der Centralverband der erste gewesen ist, der bereits 1885 jede lediglich zur Vermehrung der Produktion dienende Sonntagsarbeit verpönt hat, bitten wir Sie, die Verbündeten Regierungen zu ersuchen, eine weitere Einschränkung der zur Erhaltung der Arbeit und zur Fortsetzung der Betriebe notwendigen Sonntagsarbeit nicht vorzunehmen, diese Bestimmungen nicht in einschränkendem Sinne zu revidieren, wie es im Reichstage angekündigt worden ist, es sei denn, daß durch sachverständige Gutachten unzweifelhaft festgestellt ist, daß solche Einrichtungen durch technische Fortschritte oder sonstige allgemeine und dauernde Aenderungen in den Betrieben gerechtfertigt erscheinen. (Zustimmung.)

Meine Herren, wir bitten Sie, besonders gegen einen Punkt Einspruch zu erheben. Es sind Anträge auf Verkürzung der Arbeitszeit in den Hüttenwerken gestellt worden, mit dem ausgesprochenen Zweck, dadurch die achtstündige Schicht zu erzwingen. Meine Herren, wir bitten Sie, dagegen Einspruch zu erheben, denn den Lohnausfall kann der Arbeiter nicht tragen, der Arbeitgeber kann ihn nicht decken, und die erforderlichen Arbeitskräfte sind auch nicht vorhanden.

Meine Herren, es ist zu meiner Kenntnis gekommen — jetzt steht ja die Industrie namentlich von Rheinland und Westfalen im Vordergrunde der Erörterungen —, daß der sozialdemokratische Abgeordnete Huë einen Vorstoß gegen diese Industrie beabsichtigt, der gleich nach Eröffnung des Reichstages erfolgen soll. Er sammelt Material. Er hat in einem Rundschreiben bekannt gegeben, daß er jedem Arbeiter, der ihm solches Material brieflich oder persönlich zubringt, die Unkosten ersetzen wird. Meine Herren, ein Vorspiel hat ja auch bereits stattgefunden auf dem Kongreß der Christlich-Sozialen. Da ist eine Rede von dem Vorsitzenden des Christlichen Metallarbeitnehmer-Verbandes Wiebers gegen die Hütteninduſtrie gehalten worden, deren Hauptteile ich als Uebertreibungen und Unwahrheiten bezeichnen muß. Der „Vorwärts" hat ja auch in seiner Nummer vom 23. Oktober festgestellt, daß Satz für Satz der Ausführungen des christlich-nationalen Wiebers dem sozialdemokratischen Arsenal entnommen worden sind.

Meine Herren, daß ein weißglühender Stahlblock Hitze ausströmt, wird selbst der fortgeschrittenste Sozialpolitiker nicht ändern können, auch nicht, daß ausströmende Hitze auf den menschlichen Körper schweißtreibend wirkt. Mit der Vorführung des armen schweißtriefenden Hüttenarbeiters werden die Herren Huë und Wiebers, zwischen denen ich vorläufig keinen anderen Unterschied erkennen kann, als daß der eine zuweilen die Worte christlich und national auf den Lippen tragen mag, vielleicht auf die blöde öffentliche Meinung Eindruck machen, bei jedem irgend Sachkundigen werden sie nur Bedauern über diese böswillige Verhetzung hervorrufen.

Wer aber unsere rheinisch-westfälischen Hüttenarbeiter kennt und sie bei der Arbeit gesehen hat, diese markigen, sehnigen, muskulösen Gestalten, wie sie, freilich schweißtriefend, aber doch gewissermaßen spielend mit den zentnerschweren Blöcken umgehen, wer sie gesehen hat, wie sie Sonntags mit ihren Angehörigen, angetan wie gut situierte Bürger — die sie ja auch sind — in die Kirche oder nachmittags zu Biere ziehen, der wird lächeln müssen über die Jeremiaden, die von Leuten wie Huë, Wiebers und Konsorten gehalten werden, um die Arbeiter gegen die rheinisch-westfälischen Hüttenbesitzer zu verhetzen. Denn der Grund der Uebung ist doch nur der sozialdemokratischen Organisation Eingang in die Kreise der rheinisch-westfälischen Hüttenarbeiter zu verschaffen, die sich in ihrer Mehrzahl bisher fern gehalten haben, und die Christlich-Sozialen müssen in dasselbe Horn blasen der Konkurrenz wegen. (Beifall.)

Meine Herren, wir bitten Sie, sich auszusprechen gegen die

Förderung der Tarifverträge, gegen jede Begünstigung dieser durch Gesetz oder Verwaltungsmaßregeln. Denn, meine Herren, diese Art der Vereinbarungen mit den Arbeitern paßt nicht für die Industrie. (Sehr richtig!) Sie paßt nicht, weil sie die notwendige Spezialisierung und die in Großbetrieben doch durch die Aenderung der Produktion häufig notwendige Aenderung der Löhne für einzelne wie für ganze Kategorien nicht zuläßt. Sie paßt nicht, weil die Tarifverträge von den Arbeitern abgeschlossen werden mit dem Bestreben, die Löhne zu nivellieren, das heißt, sie gleichzustellen für minderwertige und bessere Arbeit, weil sie abgeschlossen werden in dem Bestreben, überhaupt die Löhne zu erhöhen und die Arbeitsleistungen soweit als möglich herabzudrücken, weil sie dadurch demoralisierend auf die ganze Arbeiterschaft wirken. Sie paßt nicht, weil sie von der Sozialdemokratie nicht als Institution zur Erhaltung des Friedens angesehen wird, sondern für die Zeit ihrer Dauer als Waffenstillstände zum Ansammeln neuer Kräfte, neuer Mittel zu neuen Kämpfen gegen die Arbeitgeber. Daher passen die Tarifverträge nicht für die Industrie, und daher bitten wir Sie, sich gegen jede Begünstigung derselben durch Gesetz oder durch die Verwaltung auszusprechen.

Meine Herren, der Centralverband wird aufs Aeußerste geschmäht, weil er die Organisationen nicht anerkenne und weil er sich deswegen als ein Feind des Koalitionsrechtes der Arbeiter dokumentiere. Meine Herren, das ist unwahr. Der Centralverband hat nie mit einer Silbe oder mit einem Wort oder mit Beschlüssen Stellung gegen das Koalitionsrecht der Arbeiter genommen. Wie sollte er das auch, da er selbst dieses Recht für seine Mitglieder in Anspruch nimmt, da er selbst bemüht ist, die Arbeitgeber zu organisieren zur Abwehr gegen die Angriffe der sozialdemokratischen Organisationen. Aber, meine Herren, es ist ein vollständiges Recht des Arbeitgebers, das Arbeitsverhältnis mit seinen Arbeitern in seinem Betriebe unter Ausschluß aller außenstehenden Elemente zu ordnen. (Sehr richtig!) Es gibt kein Gesetz, es gibt keine Verordnung, die den Arbeitgeber zwingen könnte, diesen von ihm unerschütterlich eingenommenen Standpunkt zu verlassen. Auf der anderen Seite gibt es kein Gesetz, gibt es keine Verordnung, auf die sich die Organisationen stützen könnten in dem Verlangen, sich in die Betriebe der Arbeitgeber einzumischen. (Sehr wahr!) Dieses klare Rechtsverhältnis wird vollkommen verkannt. Wer an ihm festhält, wird als Scharfmacher erster Ordnung, als Gegner des Koalitionsrechts verlästert. Hieran, wie an manchen anderen Beispielen, die ich anführen könnte, kann man ersehen, zu welcher Verwirrung der Begriffe der sozialistische Uebereifer führt.

Wir sind keine Gegner des Koalitionsrechtes, aber, meine Herren, wir haben doch Erscheinungen beobachtet, die, aus dem Koalitionsrecht hervorgehend, sich zu Gefahren für den Staat, für die Gesellschaft und für unser ganzes öffentliches Leben ausgestalten können. Das englische Recht hat gewisse Fürsorge getroffen gegen derartige Erscheinungen. Bei uns sind die Versuche an dem Widerstand der Liberalen und der Sozialdemokratie gescheitert. Ich erinnere Sie nur an die sogenannte Zuchthausvorlage.

Deswegen sind wir gegen jede Erweiterung des Koalitionsrechts. Wir wollen nicht, daß der Fortgang der landwirtschaftlichen Arbeiten, von dem das Wohl und Wehe des Volkes in hohem Grade abhängt, unterbrochen werden soll durch den Machtspruch eines sozialdemokratischen Agitators. (Beifall.) Wir wollen nicht, daß das wohlgeordnete Räderwerk der kommunalen oder staatlichen Verwaltung gestört oder gar zum Stillstand gebracht werden könnte durch Organisationen der Beamten.

Wir sind auch nicht Gegner des Koalitionsrechts, weil wir Ihnen vorschlagen, die dringende Bitte an die Verbündeten Regierungen zu richten, in höherem Maße, als es bisher geschehen ist, für das gute Recht des Arbeiters zu sorgen, sich keiner Organisation anzuschließen, für die Freiheit der Arbeit, die Arbeiter zu schützen gegen den furchtbaren Terrorismus, gegen die Schreckensherrschaft der Sozialdemokratie. (Lebhafter Beifall.)

Meine Herren, die von mir bereits angedeutete Zuchthausvorlage wurde von den Verbündeten Regierungen begleitet mit einer dickleibigen Denkschrift, angefüllt mit Beispielen für diesen Terrorismus. Wenn die Verbündeten Regierungen wollten, könnten sie dieser Denkschrift Bände hinzufügen. Ich unterlasse es, hier Beispiele für diesen Terrorismus anzuführen, denn das sind bekannte Tatsachen. Aber, wie gesagt, Ihr Direktorium bittet Sie, das dringende Ersuchen an die Verbündeten Regierungen zu richten, den Schutz der Arbeitswilligen zu vermehren, zu erweitern, und wenn ein solches Gesetz in absehbarer Zeit nicht durchzuführen sein sollte — und ich glaube, daß das außerordentlich schwer sein wird —, dann wenigstens dafür Sorge zu tragen, daß die bestehenden Gesetze von den unteren Organen der Behörden besser gehandhabt werden.

Meine Herren, wer die skandalösen Auftritte erlebt hat, die sich bei dem Maurerstreik in diesem Sommer auf den Bahnhöfen in Berlin abgespielt haben, wo durch die sehr drastischen Ueberredungskünste der Sozialdemokratie die zugereisten Arbeitswilligen gehindert wurden, in die Arbeit einzutreten, der wird zu der Ueberzeugung gekommen sein, daß seitens der unteren Behörden nicht in allen Fällen das geschieht, was geschehen könnte (Zustimmung), um die Freiheit der Arbeiter in genügendem Maße zu schützen.

Endlich muß ich hervorheben, daß, abgesehen von den Konservativen, alle anderen Parteien des Reichstags darin einig sind, daß der Arbeitgeber aus der autoritativen Stellung in seinen Betrieben verdrängt werden müsse. Die konstitutionelle Fabrik ist jetzt, um mit jenem Zentrumsmanne zu reden, im Reichstag Trumpf. Der sozialistische Uebereifer macht die Parteien blind dagegen, daß sie mit solchem Streben, daß sie mit der Antastung der Autorität des Arbeitgebers in seinem Betriebe lediglich die Geschäfte nicht nur der Sozialdemokratie, sondern auch des Anarchismus betreiben. Denn der Anarchismus hat in der besten Erkenntnis, daß die Untergrabung jeder Autorität das sichere Mittel zum Umsturz des Staates und der Gesellschaft ist, die Zerstörung jeder Autorität auf seine Fahne geschrieben. Ihr Direktorium empfiehlt Ihnen, die Bitte an die Verbündeten Regierungen zu richten, daß sie alle Bestrebungen, die autoritative Stellung der Arbeitgeber in ihren Betrieben anzutasten, entschieden zurückweisen möchten.

Meine Herren, eine große, leistungsfähige, mächtig fortschreitende Industrie ist eine der bedeutendsten Grundlagen unserer modernen Staaten geworden. Ohne sie würde auch das Deutsche Reich nicht seine großen Aufgaben auf allen Gebieten der Kultur erfüllen, seine Machtstellung unter den Staaten der Erde behaupten können. Merkwürdigerweise und ganz entgegengesetzt zu allen anderen Industriestaaten, hat sich das, was man die öffentliche Meinung nennt, in Deutschland, von der sozialistischen Hetze beeinflußt, entschieden gegen die Industrie gewendet. Meine Herren, wenn es auf die öffentliche Meinung und auf den Reichstag ankäme, so würde die Industrie durch sozialpolitische Belastungen aller erdenklichen Art in ihrer Wettbewerbsfähigkeit auf dem Weltmarkte geschwächt, damit einer der Hauptstützen ihres Gedeihens beraubt werden, es würde aber auch die Quelle verstopft werden, aus der die Existenzmittel für den jährlich so starken Zuwachs unserer Bevölkerung in der Hauptsache fließen.

Meine Herren, vom Reichstage hat die Industrie nichts zu hoffen, sondern nur Schlimmes zu befürchten. Im Reichstag verhallt die Stimme der Industrie gegenüber den machtvollen Einflüssen des allgemeinen, des gleichen, des direkten und geheimen Wahlrechts. (Beifall.) Daher, meine Herren, setzt die Industrie ihre Hoffnungen auf die Verbündeten Regierungen (sehr gut!), auf deren besseres Verständnis für die Anforderungen des praktischen Lebens (sehr wahr!), auf deren gerechtere Würdigung der Interessen aller an unserem Wirtschaftsleben beteiligten Faktoren, auf deren Widerstandskraft den ins Unverständige übergehenden Bestrebungen der sozialistischen Agitatoren und Fanatiker gegenüber.

Wenn Sie aber dieser Hoffnung Ausdruck geben, so sind Sie auf der anderen Seite auch verpflichtet, zu beweisen, daß Sie hinsichtlich der berechtigten Anforderungen unserer sozialen Verhältnisse, hinsichtlich der Lösung notwendiger sozialer Aufgaben bereit sind, sich ernst und opferwillig an die Seite der Regierung zu stellen. (Beifall.) Das hat Ihr Direktorium beabsichtigt, indem es Ihnen diese Gelegenheit dazu gab, durch die Vorlegung der Erklärungen, die sich in Ihren Händen befinden.

Ich bitte Sie, diese Erklärungen anzunehmen. Wenn Sie das tun, dann werden Sie nicht nur sich selbst, das heißt der deutschen Industrie, sondern Sie werden dem Vaterlande und der Gesamtheit einen sehr großen Dienst erweisen. (Lebhafter Beifall.)

Vorsitzender: Meine Herren, ich glaube, Herr Bueck hat gezeigt, daß die Eingangsworte, welche er vorhin an meiner Seite gesprochen hat, nicht richtig waren. (Heiterkeit und sehr gut!) Er hat gezeigt, daß er noch in der Fülle seiner Kraft steht und wohl nur ein Irrtum auf dem Standesamt bei der Eintragung seiner Geburt stattgefunden hat, welcher ihn in der nächsten Zeit 77 Jahre alt erscheinen läßt. (Beifall.)

Meine Herren, gestatten Sie mir, daß ich Ihnen noch einen Vorschlag zur Behandlung der Frage mache. Ich möchte zunächst den Eingang der Anträge beraten lassen, der Gelegenheit zu einer Generaldiskussion gibt; dann würde ich die einzelnen Resolutionen in den einzelnen Nummern zur Beratung anheimgeben.

Ich nehme an, daß Sie mit diesem Vorschlag einverstanden sind, und ich bitte diejenigen Herren, welche sich zur Generaldiskussion melden wollen, dies jetzt zu tun.

Landtagsabgeordneter, Kommerzienrat **Menck**-Altona: Meine Herren, den Vorschlag des Herrn Vorsitzenden, erst in eine Generaldiskussion einzutreten und dann in die Spezialdiskussion, können wir vielleicht vereinfachen. Wenigstens ich für meinen Teil hätte mit der Generaldiskussion genug. Es ist ja kaum möglich, daß wir in dieser großen Versammlung dieses umfangreiche Schriftstück in allen Einzelheiten beraten, denn wenn wir dazu übergehen, so werden sich jedenfalls in den Details Meinungsverschiedenheiten ergeben. Das ist ja in einer großen Versammlung gar nicht anders möglich.

Meine Herren, was bezweckt der Antrag? Herr Generalsekretär Bueck hat uns das in seinen letzten Worten ausgedrückt. Er bezweckt eine Vertrauenserklärung für die Regierung. Er bezweckt, auszudrücken, daß der Centralverband Deutscher Industrieller die Blockpolitik der Regierung unterstützen will, indem er sich bereit erklärt, diejenigen Opfer für die Industrie zu übernehmen, die nun einmal zur Fortführung der Sozialpolitik notwendig sind. Die Blockpolitik kann nicht durchgeführt werden, wenn die Sozialpolitik zum Stillstand kommen sollte. Das, glaube ich, muß jeder, der im politischen Leben steht, anerkennen. Wenn wir für die Blockpolitik eintreten wollen, dann müssen wir auch Opfer auf uns nehmen, und diese Opfer auf uns zu nehmen, mutet uns der Antrag des Direktoriums zu. Ich für meinen Teil stimme dem Antrage zu und verzichte auf die Detailberatung, weil aus den allgemeinen Gründen sich auch die Zustimmung zu den Einzelanträgen rechtfertigt.

Vorsitzender: Das Wort wird nicht mehr gewünscht. Dann kann ich die Generaldiskussion schließen (Heiterkeit), und ich darf wohl annehmen, daß Sie den Eingang zu unseren Resolutionen einstimmig angenommen haben. (Beifall.) Ich konstatiere das.*)

Meine Herren, wir kommen zur Resolution I: „Die Reorganisation der Krankenkassen.“

Meine Herren, hier habe ich mitzuteilen, daß in einer vor dieser Sitzung stattgehabten Ausschußsitzung, welche von mindestens 60 oder 70 Herren des Ausschusses besucht war, diese Resolution einstimmig angenommen worden ist. Selbstverständlich wurden manche Gesichtspunkte hervorgehoben, welche man nicht in der Lage ist, in einem größeren Gremium aussprechen zu können. Ich muß es mir versagen, darauf einzugehen. Aber die Gesichtspunkte, welche Herr Bueck vorgebracht hat, sind diejenigen, welche die hauptmaßgebenden sind.

Ich eröffne die Diskussion über diese Resolution — und schließe dieselbe, da sich niemand zum Wort meldet. Ich darf wohl auch annehmen, da sich kein Gegner gemeldet hat, daß diese Resolution einstimmig Ihre Zustimmung gefunden hat. (Beifall.) Ich konstatiere das.

Meine Herren, wir kommen zur Resolution II: „Die Aenderung der Arbeiterversicherungsgesetze.“

Ich eröffne die Diskussion darüber — und schließe dieselbe. Ich darf auch hier wohl Ihre einstimmige Zustimmung zu dieser Resolution konstatieren.

Meine Herren, wir kommen zur Resolution III: „Die Witwen- und Waisenversicherung.“

---

*) Der vollständige Abdruck der vom Direktorium vorgeschlagenen und von der Delegiertenversammlung angenommenen Resolutionen findet sich auf S. 72 ff.

Ich eröffne die Diskussion — und schließe dieselbe. Ich darf auch hier Ihre Zustimmung konstatieren. (Beifall.)

Meine Herren, wir kommen zur Resolution IV: „Die Pensionsversicherung der Privatbeamten.“

Ich eröffne die Diskussion.

Dr. **Guggenheimer**-Augsburg: Meine Herren, die einstimmige Annahme der Resolution IV, wie sie bei den übrigen Punkten erfolgt ist, soll durch das, was hier vorgebracht wird, nicht gehindert sein. Gleichwohl halte ich mich für verpflichtet, darauf hinzuweisen, daß von dem Inhalt dieser Resolution die Ansicht in weiten Kreisen der Industrie abweicht. Weite Kreise, insbesondere der Metallindustrie, bedauern es außerordentlich, daß in dieser Resolution gegenüber den Anträgen Bassermann-Potthoff nicht mehr der Standpunkt eingenommen worden ist, wie er bei den Beschlüssen des Centralverbandes vom 17. November v. J. eingenommen wurde. Heute noch erblicken diese Kreise der Industrie eine hohe Gefahr in der Annahme der Anträge, und es ist nicht zu verkennen, daß sowohl der Antrag, der auf Aenderung des § 63 des Handelsgesetzbuches abzielt, wie der auf Aenderung des § 133f der Gewerbeordnung, auch eine solche Gefahr enthalten. Die Industrie sollte meines Erachtens — darin weiß ich mich der Zustimmung großer Kreise sicher — Protest dagegen einlegen, daß eine Maßregel eingeführt wird, welche die Simulation ihrer Angestellten geradezu begünstigt.

Die Industrie will aber meines Erachtens auch nicht in eine Einschränkung der Konkurrenzklausel willigen, wie sie bezüglich der technischen Angestellten nunmehr befürwortet wird. Es ist hier nicht der Platz, darauf einzugehen, daß ein weitgehender Unterschied besteht zwischen der Konkurrenzklausel für technische und für kaufmännische Angestellte. Die Gründe sind angeführt worden in den ausführlichen Darlegungen der seinerzeit übergebenen Denkschrift. Es muß meines Erachtens darauf hingewiesen werden, daß die Gleichstellung der technischen Angestellten mit den kaufmännischen Angestellten mit Gründen belegt worden ist, welche nicht zutreffen, daß insbesondere die Gründe, „es gäbe keine technischen Geheimnisse mehr“ und „man habe es nicht mehr nötig, solche zu schützen, weil alles patentiert ist“, direkt haltlos sind.

Meine Herren, ich möchte mir auch darauf hinzuweisen erlauben, daß mit der Gleichstellung der technischen Angestellten mit den kaufmännischen bezüglich der Konkurrenzklausel eine hohe Gefahr für diejenigen Industrien verbunden ist, welche auf die Wahrung der mit großen Kosten erworbenen Geheimnisse Wert legen müssen, und daß es meines Erachtens eine Gefahr für die deutsche Industrie bedeutet, wenn es möglich ist, vom Ausland gegen Entgelt in nicht zu hohen Beträgen diejenigen Geheimnisse zu erwerben, welche wir mühsam errungen haben.

Diesen Hinweis glaubte ich dem Teil der Industrie schuldig zu sein, welcher auf ein Festhalten an den gefaßten Beschlüssen gegenüber dieser Ziffer IV der Resolution Wert legt. Ich glaube, dem genügt zu haben.

Regierungsrat Professor Dr. **Leidig**-Berlin. Meine geehrten Herren, das Direktorium des Centralverbandes teilt durchaus die Auffassungen, die Herr Dr. Guggenheimer soeben dargelegt hat. Denn, meine Herren, was Ihnen vorgeschlagen wird, ist nicht das, wogegen Herr Guggenheimer gekämpft hat. Meine Herren, die Bestimmung, die der Antrag 184 dem § 133 f der Gewerbeordnung hinzufügen will, lautet folgendermaßen: Die Beschränkung — nämlich der Konkurrenzklausel — kann nicht auf einen Zeitraum von mehr als drei Jahren von der Beendigung des Dienstverhältnisses an erstreckt werden, es sei denn, daß während der Dauer der Beschränkung dem Angestellten das von ihm zuletzt bezogene Gehalt fortbezahlt wird.

Meine Herren, alles das, was Herr Guggenheimer dafür angeführt hat, daß es notwendig sei, die technischen Angestellten auch über drei Jahre hinaus zu binden, daß es notwendig sei, die Konkurrenzklausel über drei Jahre hinaus aufrecht zu erhalten, wird vollkommen von Ihrem Direktorium anerkannt. Hier handelt es sich nur darum, daß in wesentlicher Uebereinstimmung mit den Beschlüssen, die bereits von dem Verein der chemischen Industrie gefaßt worden sind, in gewissem Umfange von Ihnen anerkannt wird, daß, sofern der Angestellte über einen gewissen Zeitpunkt gebunden werden soll, ihm auch ein Entgelt für diese Bindung gegeben werden soll, und da, meine Herren, hat das Direktorium geglaubt, daß diese Bestimmung, die ich mir erlaubt habe, Ihnen vorzutragen, vielleicht einen billigen Ausgleich der verschiedenen Interessen gewährt, und daß es möglich ist, wenn auch mit Bedenken, sich auf diesen Boden zu stellen.

Meine Herren, nachdem eine große Industrie wie die chemische Industrie sogar noch ein wenig weiter nach der Richtung hin auf diesem Wege gegangen ist, glaube ich, ist es nicht unzweckmäßig, Ihnen zu empfehlen, denselben Weg auch zu gehen.

Dr. **Guggenheimer:** Meine Herren, die Erklärung des Herrn Regierungsrat Leidig ergänzt in wünschenswerter Weise die Ziffer IV der Resolutionen. Es ist außerordentlich angenehm, zu vernehmen, daß das Direktorium und damit auch der Centralverband genau auf dem Standpunkt steht, welchen er in der Resolution vom 17. November vorigen Jahres eingenommen hat. Ich glaube, daß damit allerdings meine Einwendungen hinwegfallen. Wenn ich sie erhoben habe, so geschah es deshalb, weil hier nicht mehr diejenigen Anträge zur Anführung kamen, gegen die von seiten des Centralverbandes in der Erklärung vom 17. November vorigen Jahres Protest eingelegt wurde.

Vorsitzender: Meine Herren, ein Widerspruch gegen die Resolution unter IV erfolgt nicht. Ich darf hier also auch die einstimmige Annahme konstatieren.

Resolution V: „Die Heimarbeit.“ — Das Wort wird nicht verlangt. Ich konstatiere ohne besondere Abstimmung die Annahme der Resolution.

Resolution VI: „Einspruch gegen die weitgesteckten sozialpolitischen Ziele.“

Hier, meine Herren, werde ich trennen. Zuerst a) — Es meldet sich niemand zum Wort. b) — Es meldet sich auch hier niemand zum Wort. c) — Auch hier erfolgt keine Wortmeldung.

Dagegen zu d) und e) bitte ich Herrn Langen-M.-Gladbach das Wort zu nehmen.

Langen: Meine Herren! Gestatten Sie mir vom Standpunkt der Textilindustrie, speziell vom Standpunkt der Baumwollindustrie, einige kurze Ausführungen zur Begründung der Resolution.

Als vor einiger Zeit die Nachricht durch die Presse ging, daß dem hohen Bundesrate der Entwurf einer Novelle zur Gewerbeordnung zugegangen sei, welche die Einführung des 10stündigen Maximalarbeitstages für Arbeiterinnen bezweckte, schrieben die „Berliner Politischen Nachrichten“:

> „Der Inhalt der Novelle ist nicht derartig, daß er im Reichstag auf breiten und nachhaltigen Widerstand stoßen wird. Gewiß wurde noch vor einigen Jahren die Verkürzung des Maximalarbeitstages für Frauen, wie in der Gewerbeordnungsnovelle von 1891 zuerst festgelegt war, seitens der Industrie bekämpft. Man fürchtete namentlich in der Textilindustrie eine Rückwirkung auf die Arbeitszeit der gesamten Arbeiterschaft. Inzwischen haben sich aber die Arbeitsverhältnisse so gestaltet, daß die damaligen Bedenken fallen gelassen werden konnten. In erster Reihe ist es denn auch die Textilindustrie gewesen, die sich mit dieser sozialpolitischen Neuerung nunmehr einverstanden erklärt hat. Wenn aber die Interessenten selbst keinen Widerstand gegen die

Neuerung leisten, so ist er im Reichstage noch weniger zu erwarten, zumal die Verkürzung des Maximalarbeitstages der Frauen auch einem im Reichstage schon mehrfach geäußerten Wunsche entspricht."

Daß eine solche Novelle im Reichstage auf breiten und nachhaltigen Widerstand stoßen wird, ist allerdings nicht anzunehmen, daß aber auch die Textilindustrie sich in erster Reihe mit dieser sozialpolitischen Neuerung einverstanden erklärt habe, muß, wenigstens soweit die Baumwollspinner, Spinnweber und die großen Rohweber in Frage kommen, ganz entschieden bestritten werden. Diese, meine Herren, stehen auch heute noch auf demselben Standpunkt, welchen sie bei den diesbezüglichen Verhandlungen des Centralverbandes vor zwei Jahren eingenommen haben, und den auch der Centralverband zu dem seinigen machte, denn die Delegiertenversammlung kam damals zu dem Ergebnis, daß eine gesetzliche Verkürzung der Maximalarbeitszeit der Arbeiterinnen nicht zu empfehlen sei. Allerdings haben sich seitdem die Arbeitsverhältnisse teilweise anders gestaltet. Eine Anzahl Augsburger Textilfirmen hat am 1. Januar 1906 in ihren Betrieben den 10stündigen Arbeitstag eingeführt. Teilweise durch dieses Vorgehen gezwungen, teilweise freiwillig haben seitdem mehrere süddeutsche Textilindustrielle das gleiche getan. In Mülhausen i. Elsaß hat eine Arbeiterbewegung zur Einführung des Zehnstundentages Anlaß gegeben, und solches Vorgehen ist naturgemäß auch nicht ohne Einfluß auf die benachbarten badischen Industriebezirke gewesen. In Nord- und Westdeutschland, besonders in Rheinland und Westfalen, hat die Textilindustrie aber allgemein an dem bisherigen Elfstundentag festgehalten und nur in einigen größeren Städten war man genötigt, die tägliche Arbeitszeit um $^1/_2$ bis 1 Stunde zu verkürzen, hauptsächlich deshalb, weil in den meisten anderen industriellen Werken des betreffenden Ortes eine kürzere Arbeitszeit bestand, so in Cöln, Hannover, Leipzig, Magdeburg.

Charakteristisch dürfte ein Fall in M.-Gladbach sein, wo eine Spinnerei aus freien Stücken dem Augsburger Vorgehen folgte und den 10stündigen Arbeitstag unter entsprechender Lohnerhöhung einführte. Als der Besitzer den Schaden bei Licht besah, und den großen Produktionsausfall ziffermäßig vor sich hatte, verhandelte er mit seinen Arbeitern wegen Wiedereinführung der 11stündigen Arbeitszeit und diese erklärten sich sofort dazu bereit, unter der selbstverständlichen Voraussetzung, daß für alle im Tagelohn stehenden Arbeiter wiederum eine entsprechende Lohnerhöhung gewährt würde. Die ganze Frage war also nur eine Lohn-Frage, nicht aber eine Frage der Verkürzung der Arbeitszeit auf Verlangen der Arbeiter.

In der Zwischenzeit haben aus Anlaß der Notiz der „Berliner Politischen Nachrichten" Verhandlungen zwischen den großen Verbänden der Baumwollspinnerei und -Spinnweberei, nämlich dem Verein Süddeutscher Baumwoll-Industrieller, der Vereinigung Sächsischer Spinnereibesitzer, dem Industrie-Verein Werdau, dem Elsaß-Lothringischen Syndikat und dem Verband Rheinisch-Westfälischer Baumwollspinner stattgefunden, um festzustellen, wie sich heute diese Verbände zur Frage einer gesetzlichen Verkürzung der Arbeitszeit für Arbeiterinnen stellen. Das Ergebnis dieser Verhandlungen, welchem in einer gestern stattgehabten Vorbesprechung, an der meines Wissens alle dem Centralverband angehörigen Vereine der Baumwollindustrie teilgenommen haben, und in der auch Vertreter anderer Zweige der Textilindustrie anwesend waren, zugestimmt wurde, ist in der in Ihren Händen befindlichen Resolution niedergelegt. Dieselbe hat folgenden Wortlaut:

„Der Centralverband Deutscher Industrieller betrachtet mit schweren Bedenken die Bestrebungen, die bestehende Höchstarbeitszeit für Arbeiterinnen gesetzlich noch weiter zu beschränken. Diese Bestrebungen berühren vor allem, aber durchaus nicht allein, die Textilindustrie.

Die Gewißheit, daß jede Verkürzung der Arbeitszeit in den Spinnereien in vollem Umfange, in den Webereien und den übrigen Zweigen der Textilindustrie jedenfalls teilweise die Produktionskosten erhöht, die Gefahr, daß der Wettbewerb der deutschen Textilindustrie gegen das Ausland sich in Zukunft ungünstig gestaltet, alle diese Umstände lassen eine gesetzliche Verkürzung der Arbeitszeit der Arbeiterinnen als ein wirtschaftlich gefährliches Vorgehen erscheinen, demgegenüber es entschieden vorzuziehen wäre, es der Industrie zu überlassen, ob sie, wie bisher, da, wo die Verhältnisse es irgend gestatten, freiwillig auf eine kürzere Arbeitszeit übergehen will.

Sollte aber aus Gründen, die außerhalb des Kreises der wirtschaftlichen Tatsachen gelegen sind und vielleicht dem Gebiete politischer Erwägungen angehören, eine gesetzliche Verkürzung der Arbeitszeit vorgenommen werden, so kann ihre Einführung, damit die Industrie sich auf die veränderten Verhältnisse einzurichten vermag, nur allmählich mit einer langen Uebergangsfrist erfolgen, als welche ein Zeitraum von mindestens vier Jahren angemessen erscheint, sowie nur unter sorgfältigster Berücksichtigung der Eigenart der einzelnen Industrien, wobei jedenfalls weitgehende Ausnahmevorschriften notwendig sein werden."

Gestatten Sie mir, diese Resolution in folgendem kurz zu begründen:

Jede Verkürzung der Arbeitszeit für Arbeiterinnen bedeutet für die Spinnerei und Weberei nach deren technischen Verhältnissen eine gleiche Verkürzung der Betriebszeit, überhaupt also auch der Arbeitszeit der männlichen Arbeiter. Eine große Anzahl von Verrichtungen kann nur von Arbeiterinnen ausgeführt werden; die verschiedenen Abteilungen greifen aber derart ineinander, daß eine Differenzierung der Arbeitszeit männlicher und weiblicher Arbeiter aus technischen Gründen ganz unmöglich ist.

Jede Verkürzung der Arbeitszeit bedingt daher für die Erzeugnisse der Spinnerei und Weberei eine erhebliche Verteuerung der Herstellungskosten.

Die Tätigkeit des Arbeiters beschränkt sich auf die Bedienung der Maschinen. Sie kann bei deren heutigem schnellen Gang in der Spinnerei überhaupt nicht, in der Weberei nur in durchaus ungenügenden Grenzen zu einer intensiveren gestaltet werden. Der Produktionsausfall wird der Arbeitszeitverkürzung in der Spinnerei voll entsprechen, in der Weberei wird er geringer, aber für die Steigerung der Herstellungskosten noch schwerwiegend genug sein. Die generellen Unkosten werden sich daher auf eine geringere Produktion verteilen, so daß sich die Herstellungskosten, auf die Einheit des Fabrikats bezogen, wesentlich erhöhen, und das um so mehr, als die Arbeiter für die kürzere Arbeitszeit den gleichen Lohn wie bisher verlangen werden.

Diese Behauptung hat überall dort, wo eine Reduzierung der Arbeitszeit stattgefunden hat, ihre volle Bestätigung gefunden. Bei den Spinnmaschinen ist der Nutzeffekt infolge deren technischer Vollkommenheit ein solch hoher, daß er durch intensiveres Arbeiten unmöglich erhöht werden kann, wenn solches auch in der Weberei innerhalb gewisser Grenzen zugegeben werden muß.

Es kommen aber hier nicht nur die höheren Produktionskosten in Betracht; nicht minder ist zu beachten, daß sich die Produktion der Spinnerei in höherem Maße verringert, wie der Bedarf der Weberei und der übrigen Garnverbraucher: nicht nur arbeitet letztere heute teilweise schon 10 Stunden, was mit auf den vorerwähnten Umstand zurückzuführen sein dürfte, daß in der Weberei ein intensiveres Arbeiten und dadurch eine bessere Ausnutzung der verkürzten Arbeitszeit möglich ist, sondern auch die Spindelvermehrung hat in Deutschland mit der Vermehrung der Webstühle nicht gleichen Schritt gehalten.

Im Jahre 1893 hatte Deutschland in der Baumwollspinnerei 5 329 000 Spindeln und 130 000 auf Baumwolle laufende Webstühle;

im Jahre 1906: 8684000 Spindeln und 231000 Webstühle. Einer Vermehrung der letzteren um 78% stand also eine Zunahme der ersteren um nur 63% gegenüber. Wie stark die Vermehrung in den übrigen Baumwollgarn verbrauchenden Industrien gewesen ist, vermag ich ziffermäßig nicht festzustellen.

Daß die Produktion mit dem Konsum nicht gleichmäßig fortgeschritten, ist in erster Linie dem Umstande zuzuschreiben, daß der in ganz Deutschland herrschende Mangel an weiblichen Arbeitskräften eine stärkere Vermehrung der Spindelzahl unmöglich macht; teils stehen sogar noch eine Menge von Spindeln mindestens vorübergehend still aus Mangel an Arbeiterinnen, teils hat man den einzelnen Arbeiterinnen eine größere Anzahl von Spindeln zur Bedienung übertragen müssen, was diesen zwar einen erheblich höheren Verdienst bringt, für die Spinnerei aber einen bedeutenden Rückgang in der Produktion per Spindel bedeutete.

Diese höheren Kosten müssen in einer entsprechenden Steigerung der Garnpreise zum Ausdruck kommen; es erscheint indes fraglich, ob die deutsche Weberei in der Lage ist, solche Mehrkosten zu tragen. Ihre ohnehin eng begrenzte Wettbewerbsfähigkeit auf dem Weltmarkte würde zweifellos zum Schaden nicht nur der Unternehmungen und des darin investierten Nationalvermögens, sondern auch zum Schaden der in ihnen beschäftigten Arbeiter weiterhin wesentlich beeinträchtigt werden. Dazu kommt, als ein Umstand von höchster Bedeutung, daß auch heute noch nicht übersehen werden kann, welche Wirkungen die Neugestaltung der zoll- und handelspolitischen Verhältnisse auf die Ertragsfähigkeit und die Weiterentwickelung der Textilindustrie und damit auf die Beschäftigung und die Lohnverhältnisse ihrer Arbeiter endgültig äußern wird. Erst wenn die seit einiger Zeit in der Textilindustrie ganz Europas bestehende Hochkonjunktur einer normalen Geschäftslage Platz gemacht haben wird, wird sich beurteilen lassen, ob unsere Industrie überhaupt den genügenden Zollschutz genießt.

Hierauf näher einzugehen, möchte ich heute unterlassen, um nicht eine Debatte über diese Frage hier hervorzurufen, in welcher ja die Weber eine andere Ansicht haben werden wie die Spinner. Alles Trennende möchte ich aber aus der Erörterung ausscheiden und nur diejenigen Gründe hier anführen, welche vom gemeinsamen Standpunkte der Konsumenten sowohl wie der Produzenten für die vorliegende Resolution sprechen.

Daß namentlich im Interesse der Saisonindustrie Ausnahmebestimmungen nötig sind, wenn aus den in der Resolution angegebenen Gründen eine gesetzliche Verkürzung der Arbeitszeit der Arbeiterinnen sich als eine nicht zu verneinende Notwendigkeit ergeben sollte, ist ebenso selbstverständlich, wie daß die jetzt bestehenden Ausnahmen der Gewerbeordnung, welche im Falle der Arbeitsüberhäufung zeitweise ein längeres Arbeiten gestatten, auch für die Folge bestehen bleiben müssen. Nicht minder berechtigt ist das Verlangen, daß eventuell nur eine ganz allmählich eintretende Verkürzung der Arbeitszeit mit nicht zu kurz bemessenen Uebergangsfristen vorgesehen, und daß jede Differenzierung in der Arbeitszeit, sei es derjenigen Arbeiterinnen, welche ein Hauswesen zu besorgen haben, sei es der jugendlichen Arbeiter, auf die Dauer vermieden wird. Diese Differenzierungen schädigen nicht nur die Arbeitgeber, sondern mehr noch diejenigen Arbeitnehmer, die bei ihren Arbeiten von der regelmäßigen Mitarbeit der vorgenannten Arbeiterkategorien abhängig sind.

Aus vorgenannten Gründen kann ich Ihnen im Interesse der deutschen Textilindustrie, besonders aber einer gedeihlichen Fortentwickelung der deutschen Baumwollspinnerei und Weberei, nur die einstimmige Annahme der vorliegenden Resolution empfehlen.

Vorsitzender: Das Wort wird nicht mehr gewünscht. Ich darf auch hier wohl ohne besondere Abstimmung konstatieren, daß Nr. VI der Vorlage Ihre Genehmigung gefunden hat.

Dr. **Prüssing**-Schönebeck a. E.: Meine Herren, ich möchte den Punkt VI nicht erledigt sehen, ohne festzustellen, daß auf dem Gebiete der Gewerbeordnung oder der Gewerbepolizei seitens der Industriellen mit Recht weitere Wünsche geäußert werden dürfen, wenn ich auch nicht beantragen will, sie heute in die Resolution aufzunehmen. Es betreffen diese Wünsche das Konzessionswesen, zunächst in der Richtung, daß mir die Behörden, welche mit dem Konzessionswesen zum Teil betraut sind, also in den Städten über 10 000 Einwohner der Magistrat und auf dem Lande der Kreisausschuß, nicht diejenigen zu sein scheinen, denen man am zweckmäßigsten diese Funktionen überträgt. Ich weise nur darauf hin, daß z. B. im Großherzogtum Sachsen-Meiningen ein Gewerbegericht besteht. Das wird gebildet aus einem Vertreter der Regierung, gewöhnlich dem Landrat, und zwei Schöffen, nämlich Gewerbetreibenden. Ich glaube, daß eine Verbesserung nach dieser Richtung auch seitens des Centralverbandes für Preußen anzustreben wäre.

Ferner ist ein sehr wichtiger Punkt bei der Erteilung von Konzessionen, daß bei Aenderung der Anlagen und bei Aenderung des Betriebes unterschieden werden muß, ob eine Aenderung wesentlich oder unwesentlich ist. Es existieren da juristische Meinungsverschiedenheiten darüber, was als wesentlich und was als unwesentlich anzusehen ist, und bei einer Revision der Reichsgewerbeordnung, die ja voraussichtlich im Anschluß an diese Vorschläge vorgenommen werden wird — wir kommen noch im nächsten Punkt auf die Sonntagsruhe, die auch eine Sache der Gewerbeordnung ist —, wird es zweckmäßig sein, festzulegen, ob wesentliche Aenderungen nur solche im Sinne der Reichsgewerbeordnung sein sollen oder ob die Kritik, was wesentlich oder unwesentlich ist, von dem Gutachten irgend eines Sachverständigen, sei es eines Gewerbeinspektors oder eines anderen, abhängig ist. Ich bin der Meinung, es sollte im Gesetz festgelegt sein, damit wir Industriellen wissen, wonach wir uns zu richten haben und nicht auf Auslegungen individueller Art nachher angewiesen sind.

Ich möchte das noch erwähnt haben. Der Resolution selbst gebe ich vollständig meine Zustimmung. (Beifall.)

Vorsitzender: Das Wort wird nicht mehr gewünscht. Ich darf daher annehmen, daß Sie die Resolution VI einstimmig angenommen haben.

Resolution VII: „Sonntagsruhe."

Ich eröffne die Diskussion — und schließe dieselbe. Ich darf auch hier die Annahme konstatieren.

Resolution VIII: „Tarifverträge."

Handelskammersyndikus Dr. **Dietrich**-Plauen: Ich möchte lediglich erklären, daß die Delegierten der Handelskammer Plauen sich zu der Resolution VIII der Abstimmung enthalten.

Geh. Kommerzienrat **Alexand. Philipp**-Chemnitz: Ich möchte namens der Handelskammer Chemnitz dasselbe erklären.

Vorsitzender: Das Wort wird nicht weiter gewünscht. Ich darf wohl konstatieren, daß diese Resolution einstimmig mit einigen Stimmenthaltungen angenommen worden ist.

Resolution IX: „Die Stellung des Arbeitgebers, das Recht der Koalition und der Schutz der Arbeitswilligen."

Das Wort wird nicht gewünscht. Ich darf auch hier wohl konstatieren, daß Sie die Resolution IX annehmen, sowie den Schlußpassus.

Meine Herren, bevor ich das Schlußwort mir erlaube, darf ich die Herren Mitglieder des Ausschusses bitten, nach Schluß der Sitzung hier an den Tisch heranzutreten zu einer formalen Sache.

Meine Herren, gestatten Sie nun, daß ich kurz ein Resumé Ihnen von dem gebe, was der Centralverband heute beschlossen hat. Die Industrie hat gezeigt, daß sie bei der Reorganisation der Krankenkassen mit offener Hand gibt, um den Terrorismus der Sozialdemokraten in den Ortskrankenkassen zu unterdrücken. Sie verlangt jedoch dafür, daß in der berechtigten Stellung des Arbeitgebers in den Betriebskrankenkassen keine Aenderung vorgenommen wird. Die Industrie ist bereit, der Reichsregierung bei einer Vorlage zur Milderung der Sorgen und Kümmernisse der von ihren Ernährern verlassenen Witwen und Waisen zur Seite zu stehen und einen Anteil der hierzu nötigen Mittel zu übernehmen. Die Industrie ist bereit, für ihre Beamten den von diesen gewünschten Pensionskassen zuzustimmen. Sie bittet jedoch dabei die bis jetzt bestehenden Pensionskassen nach Möglichkeit seitens der Staatsregierung zu erhalten.

Aus dieser kurzen Zusammenstellung wollen Sie erkennen, daß der Centralverband stets bereit ist, offene Hand zu haben für das Wohl und Wehe der industriellen Arbeiter und Angestellten. Dahingegen beansprucht der Centralverband im Interesse der Industrie und der in ihr beschäftigten Arbeiter, daß der Arbeitgeber Herr im eigenen Hause bleiben soll. (Sehr richtig! und Bravo!) Der Centralverband ist der Meinung, daß die Auffassung des Herrn Abgeordneten Bassermann, die er bei Gelegenheit einer Versammlung in Wiesbaden aussprach, daß der Herrenstandpunkt nach seiner Ansicht vorübergegangen sei — daß diese Auffassung nicht richtig ist. Wenn der Herrenstandpunkt in der Industrie einmal nicht mehr existieren sollte, dann würden wir dazu kommen, daß nur Kampforganisation gegen Kampforganisation sich stellen würde (sehr richtig!), und das wäre der Untergang einer freudigen Industrie, das würde zu dem führen, was Bismarck einstmals gesagt hat: dann wird die Industrie streiken (sehr richtig!), und das wäre ein Unsegen für das Vaterland.

Meine Herren, ihre Beschlüsse entsprechen vollständig den Erwartungen, welche der Herr Fürst-Reichskanzler in seinem Briefe vom 7. Februar d. J. an den Centralverband ausgesprochen hat. Ich bin deshalb der Meinung, daß wir diese Uebereinstimmung dem Herrn Reichskanzler kundtun und proponiere Ihnen ein Telegramm, welches Herr Regierungsrat Leidig so gütig sein wird, vorzulesen.

Regierungsrat Professor Dr. **Leidig** liest:

Seiner Durchlaucht
dem Herrn Reichskanzler, Fürst von Bülow
Berlin W.
Wilhelmstraße 77.

Euer Durchlaucht Ruf in dem Schreiben vom 7. Februar d. Js. an den Centralverband Deutscher Industrieller, daß den künftigen Bemühungen der Verbündeten Regierungen zur Abstellung sozialer Mißstände, die von Euer Durchlaucht zu unserer Genugtuung als wertvoll bezeichnete Unterstützung des Centralverbandes nicht fehlen möge, hat in unserer heutigen sehr stark besuchten Delegiertenversammlung lebhaften Widerhall gefunden. Daher hat sich die Delegiertenversammlung für den von ihr repräsentierten übergroßen Teil der deutschen Industrie einmütig mit der Uebernahme neuer jährlicher Lasten in Höhe von vielen Millionen einverstanden erklärt, um den Verbündeten Regierungen die Reform der Krankenkassen, die Einführung der Witwen- und Waisenversicherung, die Förderung der Privatbeamtenversicherung zu ermöglichen.

Der Centralverband Deutscher Industrieller vertraut auch darauf, daß der deutschen Industrie bei ihrem Bemühen um die Erhaltung von Autorität und Ordnung in den Betrieben, um den Schutz friedlicher Arbeiter gegen Vergewaltigung, um die Abwehr unzweckmäßiger, die Industrie in ihrer Wettbewerbsfähigkeit mit dem Auslande bedrückender Bewegungen der Schutz Euer Durchlaucht nicht versagt sein wird.

In dieser Zuversicht hat die heutige Delegiertenversammlung, welche die weitesten Kreise der deutschen Industrie repräsentiert, sich die Worte Euer Durchlaucht von der Notwendigkeit der Fortführung einer gesunden, kräftigen, vorurteilslosen, vernünftigen Sozialpolitik zu eigen gemacht.

Ehrerbietigst
Centralverband Deutscher Industrieller.

Der Vorsitzende: R. Vopelius, Mitglied des Herrenhauses.

Der Geschäftsführer: H. A. Bueck.

Vorsitzender: Damit ist unsere Tagesordnung erschöpft, und ich darf wohl fragen, ob seitens eines der Herren noch das Wort gewünscht wird. — Das ist nicht der Fall. Dann habe ich die Ehre, die heutige Versammlung zu schließen. (Beifall.)

(Schluß gegen 4 Uhr.)

Von Seiner Majestät dem Kaiser erhielt der Centralverband nachstehendes Telegramm:

Centralverband Deutscher Industrieller.

Von Berlin, Schloß, 1. Nov. 1907.

„Die freundliche Kundgebung der zu ernsten Beratungen versammelten Vertreter der deutschen Industrie hat mich sehr erfreut und spreche ich dem Centralverbande meinen wärmsten Dank aus. Möge es dem einmütigen und verständigen Zusammenwirken der Leiter, Beamten und Arbeiter der industriellen Werke gelingen, der deutschen Industrie das hohe Ansehen, welches sie sich durch rastlose Arbeit, Tüchtigkeit und Zuverlässigkeit errungen hat, und ihren schönsten Ruhmestitel, in der sozialen Fürsorge für die Arbeiterschaft an der Spitze der Weltindustrien zu marschieren, dauernd zu erhalten.

Wilhelm I. R."

Vom Reichskanzler Fürsten von Bülow ist folgende Antwort eingegangen:

Der Reichskanzler. „Berlin, den 29. Oktober 1907.

Dem Centralverbande Deutscher Industrieller danke ich verbindlichst für das freundliche Begrüßungstelegramm vom gestrigen Tage. Es ist für mich von hohem Werte, wenn die Vertreter der industriellen Arbeitgeber sich so einmütig zu meinen Anschauungen über die Fortführung unserer Sozialpolitik bekennen. Die Bereitwilligkeit der Delegiertenversammlung zur Uebernahme neuer Lasten auf diesem Gebiete beweist mir, daß die deutsche Industrie entschlossen ist, mit wachsenden materiellen Kräften auch in erweitertem Umfange an der Lösung sozialer Aufgaben mitzuwirken. Ich bin überzeugt, daß solche Opferwilligkeit auch dazu beitragen wird, Ordnung und Autorität im Betriebe zu erhalten und zu stärken.

Mit vorzüglicher Hochachtung

sehr ergebenst

gez.: Bülow.

An den Centralverband Deutscher Industrieller

z. H. des Vorsitzenden Herrn Vopelius

Mitglied des Herrenhauses

Hochwohlgeboren."

Die vom Direktorium vorgeschlagenen und von der Delegierten-Versammlung angenommenen Sozialpolitischen Anträge.

Der neue Reichstag wurde am 19. Februar 1907 mit einer Thronrede eröffnet, deren letzter Satz bezüglich der Sozialpolitik lautete:

„Die Verbündeten Regierungen sind entschlossen, das soziale Werk in dem erhabenen Geiste Kaiser Wilhelms des Großen fortzusetzen."

In seiner am 25. Februar desselben Jahres gehaltenen Rede hatte der Reichskanzler Fürst von Bülow der Hoffnung Ausdruck gegeben, sich einig zu finden mit dem Reichstag

„in der Fortführung einer gesunden, kräftigen, vorurteilslosen, vernünftigen Sozialpolitik".

In dem unter dem 7. Februar 1907 an den Centralverband gerichteten Schreiben hatte der Herr Reichskanzler die große Bereitwilligkeit „rückhaltlos" anerkannt, mit der die deutsche Industrie die Lasten der Sozialpolitik getragen hat. Im Anschluß hieran endete das Schreiben mit den folgenden Worten:

„Ich hoffe aber auch, daß mir bei den künftigen Bemühungen der Verbündeten Regierungen zur Abstellung sozialer Mißstände die wertvolle Unterstützung des Centralverbandes nicht fehlen wird."

Im Hinblick auf diese bedeutungsvollen Kundgebungen beschließen die heute versammelten Delegierten des Centralverbandes Deutscher Industrieller die hier folgenden Erklärungen, mit denen sie zu den wesentlichsten, gegenwärtig im Vordergrunde der Erörterung stehenden sozialpolitischen Fragen Stellung nehmen:

Der Centralverband ist in jahrelanger ernster Arbeit bemüht gewesen, die von dem großen Kaiser Wilhelm und seinem unvergeßlichen Kanzler ins Leben gerufene großzügige Sozialpolitik mit allen ihm zu Gebote stehenden Mitteln zu unterstützen und ins Werk zu setzen. Er wird auch in Zukunft bestrebt sein, eine in dem erhabenen Geiste des großen Kaisers und im Sinne des jetzigen Reichskanzlers Fürsten von Bülow gehaltene Sozialpolitik mit bestem Willen kraftvoll zu fördern, soziale Mißstände zu beseitigen und damit der von dem Herrn Reichskanzler geäußerten Hoffnung zu entsprechen. Er tut dies unter der sicheren Voraussetzung, daß die Verbündeten Regierungen in Würdigung des Umstandes, daß eine gedeihliche Politik weder in Bezug auf die allgemeinen staatlichen noch insbesondere auf die wirtschaftlichen Verhältnisse getrieben werden kann, wenn nicht den Bestrebungen der Sozialdemokratie entgegengetreten wird, kein ihnen zustehendes Mittel unversucht lassen werden, die Sozialdemokratie, als die gefährlichste Feindin der wahren Interessen auch des Arbeiterstandes, zu bekämpfen und in die gebührenden Schranken zurückzuweisen.

In erster Linie kann dies nach Ansicht des Centralverbandes auf dem Gebiete des Krankenkassenwesens geschehen.

I.

Die Reorganisation der Krankenkassen.

Die Mißstände in der Verwaltung der Ortskrankenkassen, die sich in zahlreichen Orten zu einer Hauptstütze der Sozialdemokratie entwickelt haben, sind seit langem in der Industrie, insbesondere im Centralverbande Deutscher Industrieller, mit ernster Aufmerksamkeit verfolgt worden; sie haben Anlaß zu Erwägungen geboten, wie diesen Mißständen abzuhelfen sei. Als letzter Grund für die Machtstellung der Sozialdemokratie in den Ortskrankenkassen und teilweise auch in den Betriebs- und Innungskrankenkassen zeigt sich dabei immer wieder die Verteilung des Stimmenverhältnisses zwischen den Arbeitern und den Arbeitgebern, die diese von vornherein zu dauernder Ohnmacht gegenüber den sozialdemokratisch beeinflußten Arbeitervertretern verurteilt. Im Centralverbande besteht aber auch darüber volle Klarheit, daß eine Aenderung dieses Stimmenverhältnisses, ohne gleichzeitige Aenderung des Beitragsverhältnisses der Arbeitgeber und Arbeitnehmer zu den Krankenkassen, unmöglich ist. Daher erklärt sich der Centralverband namens des von ihm vertretenen größten und bedeutendsten Teiles der deutschen Industrie bereit, die Hälfte der Gesamtbeiträge zu den Krankenkassen, anstatt des bisherigen Drittels zu übernehmen, sofern die Verbündeten Regierungen der Industrie die Sicherheit geben wollen, daß in dem Gesetzentwurf über die Reform der Krankenkassen

1. der Fortbestand der Betriebskrankenkassen wesentlich in demselben Umfange wie in der Gegenwart unter Aufrechterhaltung der Vorschriften des § 64, 1—5 des K. V. G. anerkannt wird;
2. in den Ortskrankenkassen und Betriebskrankenkassen Arbeitgeber und Arbeitnehmer in den Vorständen und Generalversammlungen je die Hälfte der Stimmen führen;
3. in den Betriebskrankenkassen der Fabrikbesitzer den Vorsitz führt, in den Ortskrankenkassen ein von einer hierzu geeigneten Behörde zu bestellender unparteiischer Vorsitzender die Verhandlungen leitet und mit dem Rechte ausgestattet wird, bei Stimmengleichheit den Ausschlag zu geben;
4. eine Sicherung der Aerzte und Apotheker gegen unbillige Anforderungen der Krankenkassen erfolgt, andererseits aber auch die öffentlich rechtliche Stellung der Krankenkassen gegenüber unbilligen Anforderungen der Aerzte und Apotheker Schutz findet. Insbesondere erklärt sich der Centralverband gegen die zwangsweise Einführung der freien Aerztewahl und wünscht jedenfalls die Erhaltung der Möglichkeit, die sogenannte beschränkt freie Aerztewahl einzuführen, die sich bei den Betriebskrankenkassen bewährt hat.

II.

Die Aenderung der Arbeiterversicherungsgesetze.

a) Von maßgebender Stelle ist mehrfach die Absicht verkündet worden, die Arbeiterversicherungsgesetze nach Maßgabe des hervorgetretenen Bedürfnisses abzuändern. Der Centralverband erklärt sich bereit, die betreffenden Vorlagen der Verbündeten Regierungen ernst und objektiv zu prüfen und die mit ihnen verfolgten Ziele, soweit er sie mit den Interessen der Industrie und des Gemeinwohles für vereinbar erachtet, zu unterstützen und zu fördern.

b) Der Centralverband erklärt jedoch schon jetzt, daß er die auf eine Zusammenlegung der verschiedenen Versicherungsgesetze gerichteten Bestrebungen und insbesondere jeder Gefährdung oder Einschränkung des Bestandes und der Selbstverwaltung der Berufsgenossenschaften für die Unfallversicherung der Arbeiter mit größter Entschiedenheit entgegentreten wird.

c) Der Centralverband erachtet es für notwendig, daß die von ihm bereits während der Beratung des Gewerbe-Unfallversicherungsgesetzes vom 5. Juli 1900 entschieden bekämpften Bestimmungen des § 34 dieses Gesetzes, betreffend die wesentlich erhöhten Einzahlungen zu den Reservefonds der Berufsgenossenschaften, aufgehoben und die früheren Bestimmungen über die Ansammlung des Reservefonds wieder hergestellt werden.

III.

Die Witwen- und Waisenversicherung.

a) Der Centralverband erachtet eine Versicherung der Witwen und Waisen der Arbeiter als die notwendige Ergänzung der in dem erhabenen Geiste des Kaiser Wilhelm des Großen und seines treuen Beraters durchzuführenden Arbeiterversicherung. Die von dem Centralverbande vertretene deutsche Industrie ist bereit, an der Ausgestaltung dieses Abschlusses der deutschen Arbeiterversicherung entschlossen und mit bestem Willen mitzuarbeiten und für sie diejenigen Lasten zu übernehmen, die ihr nach Maßgabe ihrer Leistungsfähigkeit und unter gerechter Verteilung der Gesamtlast auf die an dieser Versicherung interessierten Kreise in loyaler Weise zugemutet werden können. Als diese Kreise betrachtet der Centralverband die Allgemeinheit bezw. das Reich, die Arbeitgeber und die Arbeiter.

b) Der Centralverband erachtet es als selbstverständlich, daß, wenn der nach Maßgabe des § 16 des Zolltarifgesetzes zur Erleichterung der Durchführung der Witwen- und Waisenversicherung bestimmte Ertrag aus den bezeichneten Tarifstellen des Zolltarifs teilweise oder ganz versagen sollte, der Fehlbetrag nicht allein den Arbeitgebern aufgebürdet, sondern im Verhältnis zu ihren regelmäßigen Leistungen auf die vorerwähnten drei Faktoren verteilt wird.

c) Der Centralverband setzt voraus, daß die Witwen- und Waisenversicherung nicht über den Kreis der von der Unfallversicherung bezw. von der Invalidenversicherung umfaßten Personen erstreckt wird.

d) Der Centralverband bittet die Verbündeten Regierungen, gemäß dem seinerzeit bei der Vorbereitung der Unfallversicherung und der Alters- und Invalidenversicherung eingeschlagenen Verfahren als erprobte Vorbereitung für die Aufstellung eines Gesetzentwurfes zunächst und so frühzeitig als möglich, „Grundzüge“ für die Witwen- und Waisenversicherung aufzustellen und zu veröffentlichen.

* * *

IV.

Die Pensionsversicherung der Privatbeamten.

Der Centralverband Deutscher Industrieller hat stets die treue und erfolgreiche Mitarbeit der industriellen Angestellten dankbar anerkannt, und er legt besonderen Wert darauf, daß das Vertrauensverhältnis zwischen den Leitern der industriellen Betriebe und ihren Angestellten auch weiterhin forterhalten bleibt. Von dieser Auffassung aus will der Centralverband auch den sozialpolitischen Bestrebungen der Angestellten, soweit dies die Lebensbedingungen des industriellen Betriebes irgend zulassen, gern entgegenkommen.

Die Zulässigkeit der Konkurrenzklausel muß für die technischen und kaufmännischen Beamten auch fernerhin aufrecht erhalten werden. Der Centralverband Deutscher Industrieller will aber gegen eine Regelung, wie sie in dem Antrag 184, der dem Reichstage jetzt vorliegt, zu § 133 f der Gewerbeordnung in Aussicht genommen ist, im Interesse der möglichst ungehinderten Bewegungsfreiheit der technischen Beamten der Industrie, nicht weiter Einspruch erheben, trotzdem der Industrie dadurch wiederum eine neue Last auferlegt wird.

Der Centralverband Deutscher Industrieller ist auch bereit, eine reichsrechtliche Zwangsversicherung der Privatangestellten sympathisch zu fördern, sofern sich diese Versicherung in ihrer Höhe in angemessenen Grenzen hält, nur die geringer besoldeten Angestellten umfaßt, und sofern den einzelnen industriellen Betrieben der Fortbestand und die Neueinrichtung von Pensions- und Witwenversorgungskassen als Ersatzinstitutionen der reichsrechtlichen Zwangsversicherung gestattet bleibt.

Der Centralverband will dabei seine ernsten Bedenken gegen die immer weitere Ausdehnung des Personenkreises, welcher der Zwangsversicherung unterstellt wird, in diesem Falle zu Gunsten der gesicherteren Versorgung der industriellen Angestellten zurückstellen.

V.

Die Heimarbeit.

Die Erhaltung der Hausindustrie liegt in dringendem Interesse der Bevölkerung zahlreicher Gegenden Deutschlands, die sich in wirtschaftlich weniger günstigen Verhältnissen befinden. Noch mehr liegt sie im Interesse großer minderleistungsfähiger Bevölkerungsschichten. Die Hausindustrie ist auch für zahlreiche Personen eine notwendige und zweckmäßige Nebenerwerbsquelle. Aus diesen Gründen muß der Centralverband sich gegen jede gesetzgeberische Tätigkeit, die eine Unterdrückung der Hausindustrie herbeiführen würde, aussprechen. Dagegen erkennt der Centralverband an, daß bei einzelnen Zweigen der hausindustriellen Tätigkeit eine gesetzliche Ordnung zweckmäßig sein wird. Er erwartet aber von den gesetzgebenden Faktoren, daß die von ihnen etwa zu treffenden Maßnahmen, unter denen vor allem die Ausdehnung von Vorschriften des Arbeiterschutzes sowie der Kranken- und Invalidenversicherung auf die Hausindustriellen und Heimarbeiter in Betracht kommt, nur unter sorgfältiger Abwägung der Bedingungen, unter denen jede einzelne Hausindustrie steht, namentlich auch ihrer Exportbeziehungen, erfolgen und daß jene generalisierende, über das Maß des Notwendigen hinausgehende Beschränkung umsomehr vermieden wird, als dadurch gerade die Interessen der Hausindustriellen und Heimarbeiter ungemein geschädigt werden könnten.

* * *

VI.

Einspruch gegen die weitgesteckten sozialpolitischen Ziele.

a) Den vorstehenden Erklärungen gemäß ist der Centralverband bereit, eine „gesunde, kräftige, vorurteilslose, vernünftige" Sozialpolitik und die Abstellung sozialpolitischer Mißstände aufrichtig und opferwillig zu unterstützen. Unbeschadet dessen erachtet er sich in Wahrung der ihm anvertrauten Interessen der deutschen Industrie für verpflichtet, gegen die in den Verhandlungen des neuen Reichstags verfolgten, sehr weit gesteckten sozialpolitischen Ziele entschiedenen Einspruch zu erheben.

b) Dieser Widerspruch richtet sich gegen jede übermäßige, die Wettbewerbsfähigkeit auf dem Weltmarkt gefährdende Belastung der Industrie durch Beschränkungen und Einengungen der Betriebe, die über das von der unbedingten Notwendigkeit gebotene Maß hinausgehen und durch weitere Entziehung von Arbeitskräften entweder auf dem Wege direkter Ausschaltung oder weiterer Verkürzung der Arbeitszeiten oder durch Erweiterung bereits bestehender einschränkender Bestimmungen.

c) Der Centralverband erhebt insbesondere Einspruch gegen die Bestrebungen, in den Betrieben mit unvermeidlicher Tag- und Nachtarbeit durch Kürzung der Arbeitszeit die Einführung der achtstündigen Schicht zu erzwingen, weil der Lohnausfall von den Arbeitgebern nicht gedeckt und von den Arbeitern nicht getragen werden kann, auch die erforderlichen Arbeitskräfte fehlen.

d) Ebenso betrachtet der Centralverband Deutscher Industrieller mit schweren Bedenken die Bestrebungen, die bestehende Höchstarbeitszeit für Arbeiterinnen gesetzlich noch weiter zu beschränken. Diese Bestrebungen berühren vor allem, aber durchaus nicht allein, die Textilindustrie.

Die Gewißheit, daß jede Verkürzung der Arbeitszeit in den Spinnereien in vollem Umfange, in den Webereien und den übrigen Zweigen der Textilindustrie jedenfalls teilweise die Produktionskosten erhöht, die Gefahr, daß der Wettbewerb der deutschen Textilindustrie gegen das Ausland sich in Zukunft ungünstig gestaltet, alle diese Umstände lassen eine gesetzliche Verkürzung der Arbeitszeit der Arbeiterinnen als ein wirtschaftlich gefährliches Vorgehen erscheinen, demgegenüber es entschieden vorzuziehen wäre, es der Industrie zu überlassen, ob sie, wie bisher, da, wo die Verhältnisse es irgend gestatten, freiwillig auf eine kürzere Arbeitszeit übergehen will.

e) Sollte aber aus Gründen, die außerhalb des Kreises der wirtschaftlichen Tatsachen gelegen sind, und vielleicht dem Gebiete politischer Erwägungen angehören, eine gesetzliche Verkürzung der Arbeitszeit vorgenommen werden, so kann ihre Einführung, damit die Industrie sich auf die veränderten Verhältnisse einzurichten vermag, nur allmählich mit einer langen Uebergangsfrist erfolgen, als welche ein Zeitraum von mindestens vier Jahren angemessen erscheint, sowie nur unter sorgfältigster Berücksichtigung der Eigenart der einzelnen Industrien, wobei jedenfalls weitgehende Ausnahmevorschriften notwendig sein werden.

VII.

Sonntagsruhe.

Der Centralverband hat zu allererst bereits im Jahre 1885 den Grundsatz aufgestellt, daß Sonntagsarbeit lediglich zur Vermehrung der Produktion oder zu ähnlichen Zwecken durchaus unzulässig sei. Dagegen ist er für die Zulassung der zur Erhaltung der Betriebe und

Fortsetzung der Arbeit erforderlichen Sonntagsarbeiten eingetreten. Die zu diesem Zwecke vom Bundesrat erlassenen Ausnahmebestimmungen sollen, nach der Ankündigung des früheren Staatssekretärs des Innern, im Sinne einer Einschränkung revidiert werden. Diese Absicht, sowie die im Reichstag gestellten Anträge auf Erweiterung und Verschärfung der die Sonntagsruhe in der Industrie und im Gewerbe betreffenden Bestimmungen, weist der Centralverband, als die Interessen dieser Erwerbsstände und des Gemeinwohls schädigend, im allgemeinen zurück; er wird jedoch solchen Einschränkungen der erwähnten Art nicht entgegentreten, die nach Begutachtung Sachverständiger durch technische Fortschritte oder sonstige dauernde und allgemeine Aenderungen in den betreffenden Betrieben gerechtfertigt erscheinen.

VIII.

Tarifverträge.

Der Centralverband hat sich bereits in seiner Delegiertenversammlung vom 5. Mai 1905 gegen den Abschluß von Tarifverträgen in der Industrie ausgesprochen. Die Vorgänge auf diesem Gebiete in der Zwischenzeit veranlassen ihn an dieser Stellungnahme festzuhalten. Der Centralverband wird daher alle auf die Förderung von Tarifverträgen in der Industrie durch die Gesetzgebung oder die Verwaltung gerichteten Bestrebungen auch fernerhin bekämpfen.

IX.

Die Stellung des Arbeitgebers, das Recht der Koalition und der Schutz der Arbeitswilligen.

Der Centralverband hegt das Vertrauen zu den Verbündeten Regierungen, daß sie allen Bestrebungen, die autoritative Stellung des Unternehmers und Arbeitgebers in seinem Betriebe anzutasten, entschieden engegentreten werden.

Der Centralverband hat niemals irgendwie Stellung gegen das jetzt bestehende Koalitionsrecht der Arbeiter genommen, erachtet aber, daß die mehrfach im Reichstag gestellten, die Erweiterung dieses Rechtes und dessen Ausdehnung auf weitere Klassen von Arbeitern, Angestellten und Beamten bezweckenden Anträge mit den Interessen des Staates und des Gemeinwohles unvereinbar sind.

Endlich erachtet es der Centralverband für unbedingt erforderlich, daß die Verbündeten Regierungen tunlichst bald und energisch besorgt sind, durch gesetzliche Maßnahmen die Freiheit der Arbeit wirkungsvoller als es bisher geschehen ist, zu schützen und damit die der Sozialdemokratie und ihren Gewerkschaften noch nicht verfallenen Arbeiter von der Schreckensherrschaft dieser Partei und ihrer Organisationen zu befreien.

* *
*

Der Centralverband erachtet es im Interesse der Industrie nicht für zweckmäßig, jetzt bereits zu weiteren sozialpolitischen Fragen Stellung zu nehmen, teils weil sie noch nicht klar genug in die Erscheinung getreten sind, teils weil ihre Behandlung im Wege der Gesetzgebung nicht sobald zu erwarten ist. Der Centralverband behält sich die Beschäftigung mit ihnen vor, bis die Verbündeten Regierungen bezw. die Parteien hinsichtlich dieser Fragen mit greifbaren Vorschlägen hervorgetreten sein werden.

Das Festmahl.

Abends 7½ Uhr vereinigte die Delegierten des Centralverbandes mit ihren Ehrengästen ein Festmahl im Palast-Hotel, an dem über 300 Personen teilnahmen. Zuerst ergriff das Wort der Vorsitzende des Direktoriums des Centralverbandes, Herr Hüttenbesitzer **Vopelius**-Sulzbach, Mitglied des Herrenhauses:

Meine sehr geehrten Herren! Wir sind hier vereinigt aus allen Partikularstaaten des Deutschen Reiches. Wir gehören den verschiedenen politischen Richtungen, sowie verschiedenen Konfessionen an, wir beschäftigen uns in den verschiedensten Industriezweigen, jedoch einig sind wir in der Verehrung und Liebe zu unseres allergnädigsten Kaisers Majestät. (Die Anwesenden erheben sich.)

Durch Allerhöchste Botschaft vom 13. Dezember v. J. wurde der Reichstag aufgelöst. Viele von uns waren darüber im Zweifel, ob der Appell an das deutsche Volk von Erfolg gekrönt sein würde. Jedoch die Reichsregierung und an ihrer Spitze unser allergnädigster Kaiser hatte das Empfinden der deutschen Volksseele besser verstanden als viele von uns.

In der Thronrede zur Eröffnung des neuen Reichstags wurde verkündet, daß die Verbündeten Regierungen die soziale Gesetzgebung in dem erhabenen Geiste Wilhelms des Großen fortzusetzen gedenken. Ich glaube, meine Herren, der Centralverband Deutscher Industrieller hat durch seine heutigen Beschlüsse gezeigt, daß er auf gleichem Boden steht, und wir geben uns der Hoffnung hin, daß für die gemeinsamen Ziele auch gemeinsame Wege gefunden werden. (Beifall.)

Ich bitte Sie, meine Herren, der Liebe und Verehrung zu unserem allergnädigsten Kaiser Ausdruck zu geben, indem Sie einstimmen in den Ruf: „Seine Majestät, unser allergnädigster Kaiser, er lebe hoch! hoch! hoch!"

Die Festversammlung stimmte begeistert ein. Dem Kaisertoast folgte die Begrüßung der Gäste:

Geheimer Kommerzienrat **Kirdorf**-Rheinelbe: Es ist mir der ehrenvolle Auftrag geworden, als erster Stellvertreter des Herrn Vorsitzenden, unseren hochgeschätzten und hochgeehrten Gästen an der heutigen Tafel zu unserem Festmahl den Willkommensgruß und den Dank für ihr Erscheinen auszusprechen.

Ich habe die Aufgabe, in erster Linie Se. Exzellenz den Herrn Staatssekretär und Vizepräsidenten des Preußischen Staatsministeriums Herrn Dr. von Bethmann-Hollweg hier zu begrüßen. In zweiter Linie lag es mir ob, Seine Exzellenz den Herrn Staats- und Finanzminister Freiherrn von Rheinbaben zu begrüßen. Herr von Rheinbaben ist durch Dienstgeschäfte verhindert, rechtzeitig zu erscheinen. Wir werden die Aufgabe haben, den Dank ihm noch zu übermitteln. Unser Gruß und unser Dank für ihr Erscheinen gilt ferner Seiner Exzellenz dem Staatsminister und Minister für Handel und Gewerbe Herrn Delbrück, Seiner Exzellenz dem Staatsminister und Minister der öffentlichen Arbeiten Herrn Breitenbach, ferner den hohen Räten, die uns die Ehre erwiesen haben, mit Ihren Exzellenzen zu erscheinen, an der Spitze Seine Exzellenz Herr Wirklicher Geheimrat Fleck, die Herren Unterstaatssekretäre von Loebell, Wermuth, Dr. Richter, von Günther und Dr. Freiherr von Coels. Wir begrüßen ferner den Herrn Präsidenten des Reichsversicherungsamtes, der unserer Einladung gefolgt ist, Herrn Dr. Kaufmann. Ferner habe ich die Aufgabe, an unserer Tafel zu begrüßen die Vertreter der uns befreundeten Vereine: von der Zentralstelle für Vorbereitung von Handelsverträgen Herrn Dr. von Martius und Herrn Dr. Vosberg-Rekow; vom Bunde der Industriellen: den Herrn Geheimen Kommerzienrat Wirth, Herrn Direktor Schulze und Herrn Dr. Wendtlandt; vom Verein zur Wahrung der wirtschaftlichen Interessen der chemischen Industrie Deutschlands Herrn Direktor Wenzel; dann den Vorsitzenden der ständigen Kommission für Ausstellungswesen, Herrn Geheimrat Goldberger, und zum Schluß auch den mit unseren heutigen Bestrebungen ja in enger Verbindung stehenden Vorsitzenden des Reichsverbandes gegen die Sozialdemokratie Exzellenz von Liebert.

Meine Herren, es ist mir eine große Freude, namens des Centralverbandes Deutscher Industrieller diesen hochgeschätzten Ehrengästen ein Willkommen zu bieten. Wir verbinden damit den herzlichen Dank für ihr Erscheinen. Wir wissen den Vorzug zu schätzen, der dem Centralverband und seinen heutigen Beratungen dadurch zu teil geworden ist.

Das glänzende Referat des jüngsten Mitgliedes unseres Direktoriums (Heiterkeit und Bravo!), des geschäftsführenden Mitgliedes, der in seltener Jugendfrische uns den heutigen Bericht unserer Tagesordnung in der Delegiertenversammlung zu der Hauptfrage der Sozialpolitik erstattete, gipfelte, meine Herren, in dem Ergebnis, daß unter der Herrschaft des allgemeinen, direkten und geheimen Wahlrechtes wir das einzige Heil für uns noch in der Stütze, in der Hilfe der Regierung erblicken könnten. Die Anwesenheit so hoher Vertreter der Staatsregierung, die mit warmem Interesse unseren Beratungen gefolgt sind, die durch ihre Anwesenheit bekundet haben, daß sie der sachlichen Behandlung dieser wichtigen, die heutige Zeit bewegenden Fragen in unserem Verbande sicher waren, die auch ebenso das Ergebnis dieser sachlichen Verhandlungen mit derselben Wärme aufnehmen werden, das Vertrauen auf diese Erscheinungen darf uns ja doppelt freudig die Gäste begrüßen lassen, und wir dürfen hoffen, daß, wo wir die Hilfe nötig haben, wir sie auch in der sachlichen Unterstützung der Staatsregierung finden werden. Aber, meine Herren, das Schlußwort unseres Herrn Referenten, des Herrn **Bueck**, möchte ich noch dahin ergänzen, daß, wenn wir auch die einzige Hilfe im politischen Leben und zur Erhaltung der Lebensbedingungen für unsere Industrie bei der Staatsregierung finden, wir doch noch ein anderes Moment haben, das unbedingt nötig ist, damit wir unsere Aufgaben weiter erfüllen können, das ist, meine Herren, die Geschlossenheit der Industrie, das geschlossene Zusammenstehen (Beifall) und das geschlossene Auftreten, der geschlossene Kampf gegen die Umsturzparteien (Beifall), und, meine Herren, daß das Vertrauen darauf sich erfüllen wird, dafür ist ein gar erfreuliches Zeichen, daß wir die Vertreter der uns verbündeten Vereine bei uns sehen, daß wir bei uns sehen auch den Vertreter des Vereins, der in den Kämpfen gegen die Umsturzparteien sicher gewillt ist, uns zur Seite zu stehen.

Meine Herren, werfen wir einen Rückblick auf die Entwickelung unserer Industrie seit dem Entstehen des Deutschen Reiches, so können wir sagen, daß sich unsere Industrie zu seltener Blüte, zu seltener Macht aus eigener Kraft entwickelt hat. Aber, meine Herren, nicht leicht ist es ihr geworden, diese Aufgabe zu erfüllen. Ich glaube, wenn man sachlich vergleicht und eingehend prüft, so wird man sagen, daß die deutsche Großindustrie wohl in den wenigsten Fällen in den Punkten, die zur Entwickelung einer Großindustrie nötig sind, irgendwie günstiger gestellt ist als die Großindustrie anderer Länder. Die Hauptvorbedingungen, die Gewinnung und Beschaffung der Rohprodukte sind in der Mehrzahl ungünstiger für unsere Industrie als für die anderer Länder. (Zustimmung.) Noch ungünstiger, meine Herren, und noch schwerer war der Kampf der deutschen Industrie, sich den berechtigten Platz auf dem Weltmarkt zu verschaffen, und, meine Herren, ihn zu erhalten wird von Tag zu Tag schwerer. (Sehr richtig!)

Schwierig sind die Aufgaben, die die Industrie zu erfüllen hat. In einem, behaupte ich, war sie den fremden Industrien überlegen, das war in der Arbeiterschaft, in der vorzüglichen Ordnung und Zucht, die in den deutschen Betrieben herrschte (sehr wahr!), und, meine Herren, wenn wir die Aufgabe zu erfüllen gesucht haben, uns diese Ordnung und Zucht zu erhalten, indem wir kräftig Abwehr boten dem Umsturzsturm — der nicht allein von der Sozialdemokratie ausging, sondern ich verbinde damit auch die anderen Arbeiterorganisationen, die nicht zum Wohle der Arbeiter, zum Frieden in ihrer Bewegung einlenken, deren Zweck und einzige Aufgabe es ist, die Feindschaft zwischen Arbeitern und Arbeitgebern zu säen (sehr richtig!) — wenn wir uns dem entgegengestellt haben — meine Herren, ich habe die meiste Zeit meines Lebens einer Industrie angehört, die ja zu meinem Leidwesen und zum Leidwesen aller Beteiligten der Tummelplatz dieser Kämpfe gewesen ist — wenn auf dem Gebiete dieser Industrie wir stark an dem Grundsatz festgehalten haben, die Ordnung, den Herrenstandpunkt, den unser Herr Vorsitzender als nötig bezeichnete, aufrecht zu erhalten, so sind wir überzeugt, meine Herren, daß wir dabei das Rechte getan haben: unsere Pflicht erfüllt und unserem Gewissen gemäß gehandelt haben. (Lebhafter Beifall.)

Meine Herren, die schwersten Anfeindungen sind uns darüber geworden. Wir haben sie ruhig ertragen. Die Anfeindungen haben sich aber weit in die bürgerlichen Kreise gezogen, in Kreise, die sachlich zu der Frage stehen wollen und die, wenn man ihnen sagt: ihr fördert die Sache der Umsturzparteien, das entrüstet zurückweisen. Sie alle sind auf demselben Wege mitgegangen in der Verurteilung der Haltung der Arbeitgeber in der Bergwerksindustrie, und sie werden es tun bei der feindlichen Bewegung, die nun in die andere, uns nahestehende Industrie, die Stahl- und Eisenindustrie, übergeht.

Ja, meine Herren, wenn wir an unserer Haltung festgehalten haben, wenn wir die Anfeindungen alle über uns ergehen lassen, die — leider haben wir es empfunden — selbst zu einer Verkennung bis in die höchsten Kreise der Regierung dringen, dann sage ich, meine Herren, woher kommt das? Woher glaubt man, wo doch die Verhältnisse so anders liegen, daß nur Verkennung der Verhältnisse, nur Rückständigkeit, nur der gedankenlose Herrenstandpunkt, die Gewinnsucht uns zu dieser Haltung führen?

Ich möchte einmal die Gegenseite hier vorführen. Wenn wir dem Strom der sozialen Anforderungen — wie uns ja meistens vorgeworfen wird — nicht in genügendem Maße folgen und Rechnung tragen — wenn wir willenlos gefolgt wären, welche Nachteile wären daraus entstanden? (Sehr wahr!) Wir hätten uns an dem Wohle nicht allein der Industrie, sondern der in ihr beschäftigten Arbeiter und des Vaterlandes versündigt, meine Herren, und diese Möglichkeit lag doch so nahe. Keiner Industrie kann man eigentlich berechtigter Weise den Vorwurf machen, daß sie nur den Standpunkt des Besitzers vertritt, denn wenn Sie die Personen in der Bergwerksindustrie und, ich möchte auch sagen, in der ihr so nahestehenden Stahl- und Eisenindustrie betrachten, so sind eigentlich diejenigen, die im Vordergrunde stehen, die die maßgebende Führung haben, in der verschwindenden Minderzahl wirkliche Besitzer. Die Mehrzahl, meine Herren, nimmt genau die Stellung in der Industrie ein, wie ich sie für meine Person in der Bergwerksindustrie und heute auch mit in der Stahlindustrie einnehme. An anderer Stelle habe ich die Stellung meiner Person, eines Beamten, wie ich es bin, dahin gekennzeichnet, daß ich nur sagen kann: ein Beamter, wie ich es bin, wie die anderen verantwortlichen Leiter der großindustriellen Unternehmungen, sie nehmen nichts anderes ein, als die Stelle eines ersten Arbeiters in ihren Betrieben. (Sehr richtig!) Wir haben genau so den Anweisungen Folge zu geben, die wir von den uns übergeordneten Organen bekommen, als wie wir verlangen, daß die Ordnungen, die von uns ausgehen, abwärts stufenweise befolgt werden. Damit ist eben die Ordnung und die Zucht und der Erfolg der Betriebe gesichert. Wäre es nicht für uns bequemer, die wir uns doch auch nur als Arbeiter fühlen, die wir gar keine Gefahr laufen und nichts dabei aufs Spiel setzen, wenn wir unsere Betriebe willenlos einmal den sozialen Strömungen überließen? Wir haben es nicht getan, und wir können es nicht, und ich bin fest überzeugt: die Vertreter deutscher Arbeitgeber, die selbst die ersten Arbeiter ihrer Betriebe sind, sie werden nie diesem Wege folgen, weil sie überzeugt sind, sich dann wider ihre Aufgaben zu versündigen, die Pflicht zu vernachlässigen, die ihnen in erster Linie gegeben ist. (Beifall.) Die Erhaltung der Betriebe, die glückliche Weiterentwickelung ist die Aufgabe. Sie kann nur gewahrt werden, wenn die Ordnung in den Betrieben besteht und aufrecht erhalten wird. (Beifall.) Möchten die Herren Vertreter der hohen Staatsregierung überzeugt sein, daß, wenn die Vertreter der Arbeitgeber in der Industrie mitunter dem sozialen Strom in dem Maaße nicht folgen, wie die öffentliche Meinung und selbst die hohe Staatsregierung es für nötig hält, wir nach Pflicht und Gewissen bemüht sind, die Lebensfähigkeit und die Entwickelungsfähigkeit der Industrie hochzuhalten, nicht nur im Interesse der Industrie, auch im Interesse der in ihr beschäftigten Arbeiter und der Allgemeinheit, im Interesse des Vaterlandes. (Beifall.)

Möchten die Hoffnungen sich erfüllen, die an die heutigen Verhandlungen geknüpft sind, die hochbedeutend für den Centralverband erscheinen. Möchte, wenn wir gegen umstürzlerische und bedenkliche Angriffe wider uns zur Abwehr rüsten müssen, die Hilfe der hohen Staatsregierung nicht versagen und nicht versagen die Geschlossenheit in der Industrie. (Beifall.)

In dem Sinne, meine Herren, bitte ich Sie, die Gläser zu erheben und den Willkommensgruß unseren hochgeschätzten Ehrengästen darzubringen, indem wir rufen: Unsere hochverehrten Ehrengäste, sie leben hoch! hoch! hoch! (Beifall.)

Preußischer Minister für Handel u. Gewerbe Exzellenz Dr. **Delbrück:** Meine sehr geehrten Herren! Wenn ich bisher meinen verehrten Kollegen, den Herrn Finanzminister, bedauert habe, daß er dienstlich verhindert gewesen ist, an dieser gastlichen Tafel zu sitzen und Ihre Gastfreundschaft zu genießen, so bin ich in diesem Augenblick, wo ich berufen werde, an seiner Stelle für die freundlichen Worte zu danken, mit denen wir hier begrüßt sind, im Zweifel, ob ich ihn nicht beneiden soll. (Heiterkeit.) Nicht, meine Herren, weil ich nicht das Bedürfnis hätte, aus vollem Herzen im Namen der Ehrengäste zu danken für das, was uns zuteil geworden ist, sondern weil ich die Aufgabe, die mir zufällt, für keine ganz einfache halte.

Meine Herren, wenn ich mich abfinden könnte mit einigen bewundernden Worten für unsere Industrie, mit einem herzlichen Dank für die Gastfreundschaft, die wir genießen, und die im Einklang steht mit den Erfolgen der letzten Jahrzehnte (Heiterkeit), so würde ich mich dieser Aufgabe mit Vergnügen unterziehen. Aber, meine Herren, die Aufgabe ist sehr viel schwieriger.!

Durch die Freude, mit der Herr Geheimrat Kirdorf heute seine Gäste begrüßt hat, durch die Freude, mit der er gerade diese Gäste begrüßt hat (Heiterkeit), ist doch auch ein Maß von stillem Mahnen hindurchgegangen (Heiterkeit), dem ich mich so ohne weiteres nicht entziehen kann, und das ich in meinen Worten auch beim besten Willen nicht ignorieren kann.

Nun, meine Herren, ich freue mich — ich bin sicher, daß ich da im Namen meiner Kollegen spreche — der Tatsache, daß wir heute hier sind. Wir haben uns wieder zusammengefunden auf einer Brücke, die nicht abgebrochen war, die man doch aber von beiden Seiten mit Rücksicht auf die Besorgnis einer gewissen Unsicherheit eine Zeitlang zu betreten vermied. (Große Heiterkeit.) Meine Herren, daß das Vertrauen zu dieser Brücke wieder gewonnen ist, daß sie zweifellos soweit versteift ist, daß sie uns beide recht lange tragen kann, das ist, glaube ich, für uns beide ein unbedingt erfreuliches Bewußtsein, das wir vom heutigen Tage mitnehmen. (Beifall.)

Meine Herren, die Mahnungen des Herrn Geheimrat Kirdorf sind nun ja allerdings weiter gegangen, als daß wir bloß die Brücke wieder offen halten sollen, die zu betreten uns zeitweise unbequem gewesen ist (Heiterkeit), und er wird auch darauf eine Antwort von mir haben wollen.

Meine Herren, diese Antwort zu geben ist schwer, schwer wenn sie zu erteilen ist einem Manne wie dem Geheimrat Kirdorf, der mit der ganzen Wucht und der ganzen Energie seiner Persönlichkeit uns in den Bann der Gedanken zu zwingen gesucht hat, die ihn im Laufe seines Lebens erfüllt und ihn in seinem Leben groß gemacht haben. (Sehr gut!) Meine Herren, für diese Energie haben wir die volle Bewunderung. Es ist uns eine Freude gewesen, ihn heute so sprechen zu sehen, wie er gesprochen hat. (Beifall.)

Aber, meine Herren, wir müssen uns darüber klar sein, daß wir uns darum doch nicht ganz unter den Bann seiner Persönlichkeit und unter den Bann seiner Anschauungen zwingen lassen dürfen, und zwar in Ihrem eigenen Interesse, meine Herren. Mir hat einmal jemand, wie ich mich über die schwierige Situation des Preußischen Handelsministers beschwerte, gesagt: beim Preußischen Handelsminister darf die rechte Hand nicht wissen, was die linke tut (Heiterkeit), denn was er mit der rechten gibt, nimmt er mit der linken (Heiterkeit). Und das ist eine unbedingt zutreffende Kritik der überaus schwierigen Situation, in der sich ein Mann befindet, der, weil er für Handel und Industrie zu sorgen hat, genötigt ist, den heterogensten Interessen sich gleichmäßig zu widmen und der genötigt ist, nicht nur der Industrie, nicht nur dem Handwerk, sondern auch dem Arbeiter ein treuer Berater und Helfer in allen denjenigen Fällen zu sein, wo er glaubt, daß der Betreffende mit Recht seine Stimme erhebt und seine Hilfe in Anspruch nimmt. Aber, meine Herren, auch darin sind wir schließlich so weit nicht voneinander. Es liegt in der Natur der Dinge, daß der Unternehmer im berechtigten Stolze auf das, was unsere Industrie geleistet hat, in dem berechtigten Bewußtsein seiner Intelligenz und dem Bewußtsein, das Beste des Vaterlandes zu wollen, auch mehr für sich verlangt, als vielleicht andere ihm zugestehen wollen und die Staatsregierung ihm zugestehen kann, wenn sie nicht die ihr sonst noch anvertrauten Interessen in den Hintergrund treten lassen will.

Nun, meine Herren, hat der heutige Tag ja zweifellos eins gezeitigt, nämlich die ausgesprochene Erklärung der Herren Vertreter der gesamten deutschen Industrie, daß sie fest entschlossen ist, auf dem Gebiete der Sozialpolitik nicht zu negieren, sondern mitzuarbeiten, nicht zu verweigern, sondern zu geben. Streit besteht nur über das Maß dessen, was gegeben werden kann und das Maß dessen, was eventuell versagt werden muß.

Aber, meine Herren, auch darüber sind wir einiger, als es den Anschein hat. Wenn Herr Geheimrat Kirdorf vorhin geklagt hat — meines Erachtens mit Recht geklagt hat; ich teile seine Auffassung — darüber, daß die gesamten bürgerlichen Parteien, daß die gesamte bürgerliche Presse in häufigen Fällen ohne weiteres auf die Seite der geschworenen Feinde der Großindustrie und des Unternehmertums treten, so liegt das nach meiner Ansicht nicht in der sachlichen Stellung, in der die Herren den sozialen Fragen gegenüberstehen, sondern es liegt in der Art ihres Aufmarsches, es liegt in den Formen des Kampfes, die sie aus einer früheren Zeit mit hinübergenommen haben, und auch hier liegt der Uebergang zu einer anderen Zeit in dem, was Herr Geheimrat Kirdorf am Schluß seiner Ausführungen gesagt hat.

Herr Geheimrat Kirdorf hat gesagt: wir wollen Herren in unserem Hause bleiben. Meine Herren, dieses Wort vom „Herrn" hat Ihnen mehr geschadet in der öffentlichen Meinung als manche bittere Tat es jemals hätte tun können, und daß Ihnen das so geschadet hat, bedauere ich umsomehr, als Sie damit etwas anderes meinen, als man im allgemeinen darunter versteht. Es liegt jedem großen Unternehmer — und ich gehöre ja als Preußischer Handelsminister mit zu den größten — völlig fern, ein mittelalterliches Herrentum den Arbeitern gegenüber aufrecht zu erhalten. Es liegt uns völlig fern, den freien Willen des einzelnen Bürgers so, wie er sich verfassungsmäßig und nach den Auffassungen unserer Zeit entwickelt hat, zu beschränken, auch wenn er unser Arbeiter ist. Wir wollen auch nicht Herren sein, sondern wir wollen, wie Herr Kirdorf am Schlusse seiner Ausführungen gesagt hat, als erste Arbeiter unserer Betriebe, die Kameraden unserer Arbeiter sein (sehr gut! und bravo!), und wir wollen unseren Arbeitern gegenüber nicht den Herrenstandpunkt vertreten, sondern wir wollen das Maß von Kommandogewalt haben, das der höhere Offizier über den niederen Offizier, der Leutnant über seine Soldaten hat und haben muß, wenn nicht der Betrieb in Scherben gehen soll. (Lebhafte Zustimmung.) Dabei sollen und wollen wir aber die Kameraden unserer Arbeiter sein. Und, meine Herren, wenn wir es verstehen, dieses Maß der Kameradschaft zu erzielen, das unseren Offizieren einen viel größeren Einfluß über ihre Mannschaften gibt, als die eisernen Bande der Disziplin, dann, meine Herren, sind wir über die größten Schwierigkeiten hinweg. Es handelt sich nicht so sehr um die einzelnen Fragen, um die gefochten wird. Daß diese streitig sind, liegt in der Natur der Dinge. Es handelt sich auch nicht um die Mittel, um die gefochten wird, sondern es handelt sich hüben und drüben eigentlich nur um die Anerkennng eines gewissen Standpunktes, und da ist der Einigungspunkt gefunden in den letzten Worten des Herrn Geheimrat Kirdorf. Meine Herren, wenn es uns gelingt, als Unternehmer und erste Arbeiter der Betriebe gleichzeitig die Kameraden der Arbeiter zu sein, dann werden die Aufgaben in der Hauptsache gelöst sein, die zu lösen Ihnen und uns obliegt und Ihnen und uns zu lösen gleichmäßig am Herzen liegt, denn wir sind darüber einig, meine Herren, daß, wenn Sie Ihren Standpunkt vertreten, Sie ihn nicht vertreten vom Standpunkt des Herrn, sondern daß Sie ihn vertreten, weil Sie die Ueberzeugung haben, daß die Stärke unseres Vaterlandes beruht auf einer leistungsfähigen Industrie und daß diese leistungsfähige Industrie nur in der Lage ist, das zu bleiben, was sie ist, wenn ihr nicht die Mittel der Konkurrenzfähigkeit dem Auslande gegenüber genommen werden (sehr richtig!), und, meine Herren, insoweit haben Sie Recht. Ueber die Einzelheiten der Ausführungen werden wir uns einigen.

Meine Herren, leeren wir das Glas darauf, daß wir alles das, was an ungelösten Aufgaben vor uns liegt, lösen auf der Grundlage der Kameradschaft des ersten Arbeiters des Werkes mit allen seinen Untergebenen. Daß das gelingt, wünsche ich uns und Ihnen. Dann wird die deutsche Industrie groß sein, dann wird sie groß dastehen, nicht nur in der Achtung aller Parteien unseres deutschen Vaterlandes, sondern sie wird groß dastehen auch in der Achtung des Auslandes. Meine Herren, auf diese Größe der deutschen Industrie! Sie lebe hoch! hoch! hoch! (Beifall.)

* * *

Ueber den Schluß des Festmahls berichtet die „Deutsche Industrie-Zeitung“:

Abgeordneter Dr. **Beumer** widmete sodann in einer humorvollen Rede dem jüngsten Mitgliede des Direktoriums Herrn Bueck sein Glas. Anknüpfend an die Bemerkung des Herrn Staatsministers von der Kameradschaft stellte Redner unter lebhafter Zustimmung der ganzen Tischgesellschaft zunächst fest, daß man in den industriellen Betrieben sehr erfreut sein werde, wenn man dasjenige Maß der

Disziplin besitze, das zwischen dem älteren und dem jüngeren Offizier Platz greife, und daß man dem Herrn Handelsminister sehr dankbar sein werde, wenn er der Industrie zu einem solchen Zustande der Dinge verhelfen wolle. Redner ging sodann zu einer warmen Würdigung des „Kameraden" Bueck über, der nicht nur heute in seinem Ritt durch das Feld der Sozialpolitik, sondern alle Zeit ein Maß von Berufstreue, Arbeitsfreudigkeit und Pflichteifer an den Tag gelegt habe, daß die Industrie ihn nicht nur bewundere, sondern als treuesten Freund schätze und verehre. Die dreibändige Geschichte des Centralverbandes zeuge durch ihr Tatsachenmaterial hierfür so laut, daß man noch oft auf sie zurückgreifen werde, wenn wir alle einem Centralverbande angehören, der seine Delegiertenversammlung nicht auf der Erde abhalte. Redner wünschte schließlich, daß Herr Bueck in derselben körperlichen und geistigen Frische wie heute, am 12. Dezember 1930 seinen hundertsten Geburtstag feiern möge, was die Versammlung nach altem bergmännischen Gebrauch durch ein dreifaches Glückauf! bekräftigen möge. Brausend ging das Glückauf! durch den Saal, und lebhafter, andauernder Beifall bestätigte dem Redner, daß er aus dem Herzen aller Teilnehmer gesprochen hatte.

Mit bewegter Stimme erklärte Herr **Bueck** in seiner Antwort, daß der heutige Tag für ihn einen Freuden- und Ehrentag in höchstem Grade bedeute, mit dem Hinweis auf seine Aufnahme in das Direktorium des Centralverbandes und auf den Erfolg der heutigen Versammlung, wo die Ideen, die er vertreten, vollständig gesiegt haben. Redner erinnerte daran, wie merkwürdige Schicksale ihn aus der Landwirtschaft zur Industrie führten. Wenn er einigermaßen imstande gewesen, den Anforderungen zu entsprechen, so danke er das den führenden Männern aus der Industrie und dem Direktorium des Centralverbandes, die ihm stets mit Rat und Hilfe zur Seite gestanden. Zugleich sprach Herr Bueck seinen Mitarbeitern in der Geschäftsführung des Centralverbandes den Dank aus, vor allem seinem Stellvertreter Regierungsrat Professor Leidig, sowie den Herren Dr. Zakrzewski und Dr. Ballerstedt. Er danke allen, die ihn befähigten, seine Stellung noch in diesem Lebensalter auszufüllen. Eins könne er für sich in Anspruch nehmen: Er sei völlig mit der Industrie verwachsen und habe seinen höchsten Ruhm in der Erfüllung seiner Aufgaben für die Industrie gesucht. Aber gleichzeitig habe er sich bemüht, der Allgemeinheit zu dienen. Die Industrie sei eine der hauptsächlichsten Grundlagen unseres ganzen Staates, und sie werde das Vaterland auch befähigen, sich wieder emporzuringen, wenn einmal schwere Zeiten kommen. Wiederum wurde dem Redner freudiger Beifall zu teil.

Schließlich sprach noch Herr Generalleutnant **von Liebert** über die in dieser Hinsicht gleichen Ziele und das Zusammenwirken des Centralverbandes mit dem Reichsverband zur Bekämpfung der Sozialdemokratie.

Das Mahl verlief außerordentlich animiert, und nach der Beendigung blieben noch lange Gruppen von Gästen und Freunden und Männern, welche diese Tagung aus allen deutschen Gauen zusammengeführt, in schöner Annäherung unter ernsten und heiteren Gesprächen beisammen. Ueber den Verlauf und das Ergebnis der bedeutsamen Kundgebung des Centralverbandes trat allgemein Befriedigung hervor.

Geschäftsbericht

für die Zeit vom 20. Juni 1906 bis zum 28. Oktober 1907.

Die letzte Versammlung der Delegierten wurde in Nürnberg am 20. Juni 1906 abgehalten. Die letzte Ausschußsitzung hat am 17. November 1906 zu Berlin stattgefunden.

Seit der letzten Delegiertenversammlung sind dem Centralverbande folgende neue Mitglieder beigetreten:

Verkaufsstelle für gewalzte und gepreßte Bleifabrikate, Cöln.
Stanzblechverband, Hagen i. W.
Verband Deutscher Cocos-Industrieller, Hervest-Dorsten.
Verband Deutscher Maschinenfabrikanten für Brauerei- und Mälzerei-Anlagen, Berlin.
Verein der Deutschen Kaliinteressenten, Magdeburg.
Rheinisch-Westfälisches Cement-Syndikat, Bochum.
Magdeburger Braunkohlen-Bergbau-Verein, Oschersleben.
Verein der Deutschen Textilveredelungsindustrie, Düsseldorf.
Verband Deutscher Messingwerke, Altena i. W.
Verband Westdeutscher Steinbruchbesitzer, Cöln.
Fuldaer Stanz- und Emaillierwerke F. C. Bellinger, Fulda.
Hermann Wuppermann, Pinneberg (Holstein).
Deutsche Tiefbohr-Aktiengesellschaft, Nordhausen a. H.
E. Holtzmann & Cie., Weisenbachfabrik.
Erdmann Kircheis, Maschinenfabrik und Eisengießerei, Aue (Erzgeb.).
Aktiengesellschaft Siemens & Halske, Berlin.
Internationale Bohrgesellschaft, Erkelenz (Rhld.).
Norddeutsche Braunkohlenwerke A.-G., Frellstedt.
Deutsch-Oesterreichische Mannesmannröhren-Werke, Düsseldorf.
Aktien-Commandit-Gesellschaft Aplerbecker Hütte, Aplerbeck.
Rheinische Metallwaren- und Maschinenfabrik, Düsseldorf-Derendorf.
Vereinigte Chemische Werke, A.-G., Charlottenburg.

Oberschlesische Stahlwerksgesellschaft m. b. H., Berlin.
Delmenhorster Linoleum-Fabrik, Delmenhorst.
Vereinigte Deutsche Nickelwerke, Schwerte i. W.
Barmer Bank-Verein, Hinsberg, Fischer & Comp., Barmen.
Dampfziegelei- und Sägewerkbesitzer L. Schuda, Strelno.
R. W. Dinnendahl, Akt.-Ges., Steele a. d. Ruhr.
Aktiengesellschaft vormals Frister & Roßmann, Berlin.
Sack & Kiesselbach, Maschinenfabrik, G. m. b. H., Rath b. Düsseldorf.
Franz Klinder, Berliner mech. Netz-Fabrik und Baumwollzwirnerei, Neubabelsberg.
Stettiner Maschinenbau-Aktiengesellschaft „Vulcan", Stettin-Bredow.

Ausgeschieden aus dem Centralverbande sind:

Verkaufsstelle des Verbandes Deutscher Drahtseilfabrikanten, Cöln (infolge Liquidation).
Ziegel-Syndikat für Hamburg und Umgegend, Hamburg.
Verkaufsstelle des Verbandes Deutscher Drahtstiftfabriken, Berlin (infolge Liquidation).
Technische Revisions-Vereinigung „Elektrowacht", Berlin.
Lägerdorfer Portland-Cement-Fabrik, Hamburg (infolge Konkurses).
Sächsisch-Thüringische Aktiengesellschaft für Kalksteinverwertung, Bad Kösen.
Otto Hoyer, Cöln.
Direktor Marx, Schellmühl b. Danzig.
Ingenieur Ludwig Meyer, Hannover.

Es gehören nunmehr dem Centralverbande Deutscher Industrieller, abgesehen von den Einzelmitgliedern, 185 Vereine, Verbände, Handelskammern, Syndikate und Berufsgenossenschaften als Mitglieder an. Alle Industriezweige sind jetzt in dem Centralverbande vertreten.

Der Verkehr zwischen den Behörden und dem Centralverbande ist auch in dieser Berichtsperiode fortdauernd lebhaft gewesen. Die dem Centralverband zugegangenen Mitteilungen seitens des Reichskanzlers, des Reichsamts des Innern, des Reichskolonialamts, des Ministeriums für Handel und Gewerbe sind, wo es angezeigt erschien, durch Rundschreiben verbreitet oder auch in unserem Organ, der „Deutschen Industrie-Zeitung", bekannt gegeben worden; wo aber der vertrauliche Charakter eine solche Verbreitung nicht zuließ, ist den Interessenten in anderer geeigneter Weise Kenntnis gegeben. Es sind ferner Gutachten von dem Centralverband eingefordert worden, die er in entsprechender Weise abgegeben hat.

Seit der letzten Delegierten-Versammlung haben 7 Sitzungen des Direktoriums stattgefunden und zwar am 3. Oktober, 16. November 1906, am 27. Februar, 28. Mai, 14. September, 5. und 27. Oktober dieses Jahres.

Die Neukonstituierung des Direktoriums erfolgte in der Sitzung vom 3. Oktober v. J. Es wurden wiedergewählt: Herr Hüttenbesitzer Major Vopelius, Mitglied des Preußischen Herrenhauses, als Vorsitzender, Herr Geh. Kommerzienrat Kirdorf als erster stellvertretender Vorsitzender, Herr Geh. Regierungsrat König als zweiter stellvertretender Vorsitzender.

Auf dem Gebiete der Handelspolitik hat der Centralverband bezüglich der neuen Regelung unserer Handelsbeziehungen zu Dänemark die Wünsche der Industrie in wiederholten Eingaben den maßgebenden Stellen unterbreitet.

Auf Anregung des Bayerischen Industriellen-Verbandes beschloß das Direktorium, in einer Eingabe bei dem Bundesrat die zollfreie Ablassung von Benzin für jede Benutzung von Motoren zu beantragen.

Auf Vorschlag des Centralverbandes sind von dem Herrn Staatssekretär des Innern als Vertreter in den Wirtschaftlichen Ausschuß an Stelle des verstorbenen Herrn Kommerzienrat Kraft-Schopfheim, Herr Kommerzienrat Schott-Heidelberg und an Stelle des Herrn Kommerzienrat Frey-Mülhausen i. E., der sein Amt niedergelegt hatte, Herr Kommerzienrat Eduard Albert Schlumberger-Dornach berufen worden.

Der Centralverband hat in einer am 28. Februar 1907 abgehaltenen Versammlung von Vertretern der Bergbauvereine Preußens Stellung genommen zu der preußischen Vorlage betreffend Abänderung des allgemeinen Berggesetzes vom 24. Juni 1865. In dieser Versammlung wurde die entschiedenste Verwahrung dagegen eingelegt, daß durch die dem Preußischen Landtag zugegangene Novelle das glänzend bewährte Prinzip der Bergbaufreiheit, dem in erster Linie Preußens Bergbau und dessen Industrie die großartige Entwickelung der letzten Jahrzehnte verdanken, für die wichtigsten Mineralien, Steinkohle und Kalisalze, aufgehoben werden soll. Die in der Versammlung vertretenen Kreise erwarteten von einer solchen Aufhebung nicht nur nicht den geringsten Nutzen für den Staat und seine wirtschaftliche Entwickelung, sondern in erster Linie eine starke Wertsteigerung für den in privatem Eigentum befindlichen Besitz an Kohlen und Kali und damit in zweiter Linie eine entsprechende Preissteigerung für die zum Verkauf gelangenden Kohlen und Kalisalze.

Das Direktorium des Centralverbandes hat, in Uebereinstimmung mit der Stellungnahme dieser Versammlung, in einer sorgfältig begründeten Eingabe vom 5. März d. J. das Haus der Abgeordneten und das Herrenhaus gebeten, die Vorlage der Königlichen Staatsregierung abzulehnen und, wenn dies nicht geschehen sollte, mindestens die in der Eingabe vorgeschlagenen Aenderungen zu berücksichtigen.

Das Direktorium nahm von der ihm übermittelten Resolution des Zentralverbandes des deutschen Bank- und Bankiergewerbes, betreffend Revision des Börsengesetzes, in seiner Sitzung vom 16. November v. J. Kenntnis. Es beschloß, im Sinne der in der Delegiertenversammlung vom 5. April 1904 gefaßten Beschlüsse, in einer Eingabe an das Reichsamt des Innern die baldige Einbringung einer Novelle zum Börsengesetz zu befürworten.

Auf Grund einer vom Centralverbande bei seinen Mitgliedern veranstalteten Umfrage war eine Reihe von Wünschen zum Patentgesetz, sodann auch zum Gebrauchsmusterschutz und Warenzeichenrecht aufgestellt worden. Zum Zwecke einer Klarlegung dieser meistens auf eine Aenderung des Patentrechts gerichteten Wünsche, fand auf Veranlassung des Direktoriums des Centralverbandes am 16. März d. J. unter dem Vorsitz des Herrn Geheimen Regierungsrats Koenig eine Versammlung von Interessenten statt, an welcher auch der Deutsche Verein für den Schutz des gewerblichen Eigentums und der Verein zur Wahrung der Interessen der chemischen Industrie Deutschlands teilnahmen. Als wichtigstes Moment der Beratungen in dieser Versammlung ist hervorzuheben, daß an dem jetzigen System, auch an dem Vorprüfungsverfahren, durchaus festgehalten werden solle. Verschiedentlich wurde dabei festgestellt, daß die Klagen sich mehr gegen die Anwendung des Gesetzes, als gegen das Gesetz selber richten. Eine Anregung ging u. a. dahin, den Vorprüfer selbständiger und verantwortlicher zu machen und sonach mit der Anmeldeabteilung zwei Instanzen zu schaffen. Die Meinungen darüber, ob zu viel oder zu wenig Patente erteilt werden, gingen auseinander, wie dies natürlich auch bei einer Reihe anderer Einzelfragen der Fall war. Es kamen, außer den mehr allgemeinen Fragen, zur Erörterung das Erteilungsverfahren, die Dauer des Patentschutzes, der Ausübungszwang, die Patentgebühren, zusammengesetzte Patente und Zusatzpatente; sodann eingehender die in letzter Zeit so viel umstrittene Frage, wer patentschutzberechtigt ist, der Anmelder oder Erfinder, und die Stellung der Angestellten als Erfinder; weiter die Gerichtsbarkeit in Patentsachen, die Nichtigkeit des Patents ꝛc.

Endlich wurde von der Versammlung beschlossen, daß der Centralverband Deutscher Industrieller zum Zwecke eingehender Prüfung der betreffs des Patentgesetzes, Gebrauchsmusterschutzes und Warenzeichenrechts bestehenden Wünsche eine Kommission bilden und bei deren Zusammensetzung die in Betracht kommenden Interessentengruppen unter Würdigung der in der Beratung zutage getretenen Ansichten berücksichtigen möchte.

Schon in der Ausschußsitzung vom 19. März 1887 hatte sich der Centralverband auf Antrag des Vereins zur Wahrung der Interessen der chemischen Industrie mit der Bildung einer gewerblich technischen Reichsbehörde sehr eingehend beschäftigt. Damals war jedoch die überwiegende Mehrzahl der Ausschußmitglieder zu der Ansicht gelangt, daß die Errichtung einer solchen Behörde unzweckmäßig sein würde. Auf Anregung des Bundes der Industriellen, über diese Frage in einer Sitzung der Interessengemeinschaft zu verhandeln, hatte das Direktorium sich in einer Sitzung vom 28. Mai d. J. mit dieser Angelegenheit nochmals in umfassender Weise beschäftigt.

Das Direktorium gelangte dabei zu der Ueberzeugung, daß die Errichtung einer gewerblich technischen Anstalt auch heute nicht zweckmäßig und zu befürworten sei, daß sie ferner auch ohne Aenderung der Reichsverfassung nicht durchführbar sein werde. Wie schwer eine solche Aenderung, die ungemein tief in die Verwaltung und Organisation der Einzelstaaten eingreifen müßte, zu erreichen sein würde, liegt auf der Hand.

Das Direktorium hielt es dagegen für zweckmäßig, an Stelle der vorgeschlagenen Reichsbehörde eine freie Kommission zu bilden, die, aus den beteiligten Interessentenkreisen zusammengesetzt, mit den Vertretern der Einzelstaaten und der Reichsregierung ständige Fühlung unterhalte. Daher wurde empfohlen, den Weg zu gehen, den die preußische Regierung schon wiederholt mit Erfolg beschritten habe, nämlich technische Kommissionen zu bilden. Da aber in der Regel weder der Bundesrat noch die Reichsregierung zuständig seien, auf den in Betracht kommenden Gebieten zu handeln, so bleibe nichts übrig, als daß die beteiligten Körperschaften ihrerseits selbständig vorgehen, um durch das Schwergewicht der Existenz einer einheitlichen Kommission, wie durch die Bedeutung der in ihr vertretenen Körperschaften, die Einzelregierungen zu nötigen, vor Erlaß der betreffenden Vorschriften die Kommission zu befragen. Was die Zusammensetzung der Kommission anbetrifft, so hielt es das Direktorium für angebracht, ständig nur eine kleinere Deputation zur Führung der Geschäfte einzusetzen und im übrigen die Kommissionen von Fall zu Fall zu bilden, um zu verhindern, daß, ebenso wie bei den technischen Regierungsbeamten, auch hier Personen ständig Mitglieder sind und aus Rücksichten der Pietät oder aus anderen Gründen Mitglieder bleiben, auch wenn sie nicht mehr auf der Höhe der technischen Wissenschaften stehen.

In die neugegründete Deutsche Dampfkessel-Normen-Kommission, in welcher dem Centralverbande zwei Mitgliederstellen zugewiesen waren, wurden vom Direktorium als Vertreter des Centralverbandes die Herren: Direktor E. Ehrensberger, Mitglied des Direktoriums der Firma Fried. Krupp, A.-G. zu Essen-Ruhr, und Dr.-Ing. Schrödter zu Düsseldorf gewählt.

In der durch die Interessengemeinschaft neugebildeten Ständigen Ausstellungs-Kommission für die deutsche Industrie sind 4 Mitglieder des Centralverbandes vertreten. Das Direktorium hat neben dem Herrn Vorsitzenden die Herren Geh. Bergrat Hilger-Berlin, Kommerzienrat Semlinger-Bamberg und Geh. Kommerzienrat Schieß-Düsseldorf in diese Kommission gewählt.

Der Herr Staatssekretär des Innern hat im März d. J. einen Erlaß, betreffend die Förderung der Baumwollkultur in den deutschen Kolonien, an den Centralverband gerichtet. In diesem Erlaß wurde mitgeteilt, daß auch im Reichshaushaltetat für 1907 50 000 M. zur Förderung der Baumwollkultur eingesetzt seien. Die Förderung der letzteren in unseren Kolonien sei aber nach Ansicht des Herrn Staatssekretärs nicht nur für die Baumwollindustrie von Bedeutung, sondern auch geeignet, allen am Ausbau der Verkehrswege in den Kolonien interessierten Industriezweigen, sowie der deutschen Maschinenindustrie neue Gebiete der Tätigkeit zu eröffnen und den Handel und Verkehr mit den Kolonien im allgemeinen zu heben. Außerdem würde die Möglichkeit, unseren Bedarf an Baumwolle zum Teil aus den Kolonien und anderen neuen Baumwollgebieten zu decken, eine erhebliche Kräftigung unserer gesamten handelspolitischen Lage zur Folge haben. Diese Umstände dürften es rechtfertigen, wenn auch weitere Kreise, die nicht unmittelbar an dem Bezug von Baumwolle interessiert seien, diesen Bestrebungen ihre Aufmerksamkeit und ihre tätige Mithilfe zuwenden würden. Der Herr Staatssekretär hatte das Direktorium ersucht, dahin zu wirken, daß auch andere Industriezweige, als die Baumwollindustrie, angeregt werden, diese Bestrebungen nach einem einheitlichen Plane finanziell zu unterstützen.

Nach eingehender Würdigung der in Betracht kommenden wirtschaftlichen Verhältnisse beschloß das Direktorium, ein Rundschreiben an verschiedene Verbände, insbesondere an die Vereine der Eisenindustrie, zu richten, in dem auf die Förderung unserer Kolonien hingewiesen werden sollte.

Im Interesse einer zweckmäßigen wirtschaftlichen Erschließung unserer Kolonien beschloß das Direktorium, die neue Zeitschrift zur Förderung der kolonial-politischen Interessen „Kolonie und Heimat in Wort und Bild", durch Rundschreiben den Mitgliedern zu empfehlen.

Auf Veranlassung der Handelskammer zu Osnabrück beschloß das Direktorium in einer Eingabe den Antrag auf Ausprägung von 25-Pfennigstücken bei dem Reichsschatzamt zu unterstützen.

Der Beirat für Arbeiterstatistik bei dem Kaiserlichen Statistischen Amt hat kontradiktorische Erhebungen über die Verhältnisse der Angestellten in Kontoren und sonstigen kaufmännischen Betrieben, die nicht mit offenen Verkaufsstellen verbunden sind, angestellt und folgende Beschlüsse gefaßt, deren Durchführung vom Beirat der Reichsbehörde empfohlen wird:

„In Kontoren und sonstigen kaufmännischen Betrieben, die nicht mit offenen Verkaufsstellen verbunden sind, ist den Gehilfen, Lehrlingen und Arbeitern nach Beendigung der täglichen Arbeitszeit eine ununterbrochene Ruhezeit von mindestens 11 Stunden zu gewähren.

Innerhalb der Arbeitszeit muß den Gehilfen, Lehrlingen und Arbeitern eine Mittagspause gewährt werden.

Für Gehilfen, Lehrlinge und Arbeiter, die ihre Hauptmahlzeit außerhalb des die Geschäftsstelle enthaltenden Gebäudes einnehmen, muß diese Pause mindestens $1^1/_2$ Stunden betragen.

Dauert die tägliche Beschäftigung höchstens 8 Stunden, so kann die Pause auf $^1/_2$ Stunde herabgesetzt werden.

Diese Bestimmungen finden keine Anwendung:

1. auf Arbeiten, die zur Verhütung des Verderbens von Waren unverzüglich vorgenommen werden müssen;
2. für die Aufnahme der gesetzlich vorgeschriebenen Inventur sowie bei Neueinrichtungen und Umzügen;
3. außerdem an jährlich höchstens 30 von dem Geschäftsinhaber unter entsprechenden Kontrollmaßregeln zu bestimmenden Tagen, jedoch mit der Maßgabe, daß in diesen Fällen die nach der Beendigung der täglichen Arbeitszeit den Gehilfen, Lehrlingen und Arbeitern zu gewährende ununterbrochene Ruhezeit auf mindestens 8 Stunden festgesetzt wird.

In Kontoren und kaufmännischen Betrieben, die nicht mit offenen Verkaufsstellen verbunden sind, dürfen Gehilfen, Lehrlinge und Arbeiter an Sonn- und Festtagen nicht beschäftigt werden. Durch statutarische Bestimmung einer Gemeinde oder eines weiteren Kommunalverbandes kann diese Beschäftigung für alle oder einzelne Zweige dieser Betriebe bis zu 2 Stunden gestattet werden."

Das Direktorium hat nach eingehender Prüfung, zumal da diese kontradiktorischen Erhebungen ergeben haben, daß zwar in einzelnen Fällen Mißbräuche vorgekommen, für die große Mehrzahl der Betriebe aber durchaus angemessene Zustände festgestellt sind, sich gegen die gesetzliche Festlegung dieser Vorschläge des Beirats für Arbeiterstatistik ausgesprochen.

Aus dem Kreise der Mitglieder wurde an das Direktorium der Antrag gestellt, gegen die Förderung des sozialdemokratischen Koalitionszwanges im Buchdruckereigewerbe Stellung zu nehmen, wie er durch den § 4 des zwischen dem Deutschen Buchdrucker-Verein und dem Verbande der Deutschen Buchdrucker abgeschlossenen Garantievertrages tatsächlich in Aussicht genommen ist. § 4 des genannten Vertrages verpflichtet die Mitglieder des Vereins der Prinzipale, nur solche Gehilfen einzustellen, die dem (sozialdemokratischen) Verbande der Gehilfen angehören, und die Mitglieder des Verbandes, nur in solchen Buchdruckereien tätig zu werden, deren Inhaber dem Vereine angehören. Die Bestimmungen sollen nach einer Uebergangsfrist am 1. Januar 1909 in Kraft treten. Dieser Organisationsvertrag führt von seiten der Arbeitgeber den Koalitionszwang ein und verleiht gehilfenseitig dem genannten Verbande das Monopol gegenüber den Mitgliedern des zu den christlichen Gewerkschaften gehörigen Gutenbergbundes und des Hirsch-Dunckerschen Gewerkvereins beziehungsweise den keiner Vereinigung angehörenden freien Arbeitern. Das Direktorium des Centralverbandes hat niemals Stellung gegen das Koalitionsrecht genommen, gegen den Koalitionszwang aber hat es stets angekämpft und ist dabei in Gemeinschaft mit der Regierung gewesen, die ja die Novelle zur Gewerbeordnung von 1890 und den Entwurf zur Regelung des gewerblichen Arbeitsverhältnisses im Jahre 1899 dem Reichstage vorgelegt hat. Das Direktorium erblickt aber in dem Vorgehen der oben genannten beiden Organisationen im deutschen Buchdruckgewerbe nicht nur eine außerordentliche Gefährdung dieses Gewerbes selbst, sondern auch der gewerblichen und industriellen Tätigkeit im allgemeinen, sowie der wirtschaftlichen und sozialen Interessen der deutschen Nation. Andere Gewerkschaften werden ähnlich vorzugehen versuchen. Zudem muß bedacht werden, daß Gewerkschaften und Sozialdemokratie eins sind. Auch an der Spitze des Buchdruckerverbandes stehen Sozialdemokraten. Welche Bedeutung für das ganze Leben der Nation eine solche Monopolstellung des unter sozialdemokratischer Leitung stehenden

Buchdruckerverbandes haben kann, liegt klar auf der Hand. Das Direktorium beschloß daher, in einer Eingabe den Herrn Reichskanzler zu ersuchen, dahin wirken zu wollen, daß seitens der Reichs- und Staatsbehörden und aller sonstigen amtlichen Stellen, auch der Kommunalbehörden, im Gegensatz zu dem bisher eingehaltenen Verfahren, bei der Vergebung von Drucksachen eine Bevorzugung der Mitglieder des „Vereins der Buchdrucker" in keiner Weise ferner stattfinden möge.

Ein Arbeitgeberverband hatte bei dem Centralverband angeregt, gegen den Erlaß des Ministers der öffentlichen Arbeiten, wonach den Arbeitern in den staatlichen Werkstätten unter gewissen Bedingungen und Vorbehalten ein Erholungsurlaub unter Fortzahlung des Lohnes gewährt werden soll, wegen der Rückwirkung dieser Maßnahme auf die Privatindustrie seinerseits vorzugehen.

Das Direktorium beschloß, dieser Anregung keine Folge zu leisten. Es wurde dabei festgestellt, daß die Einführung eines Erholungsurlaubes für Arbeiter nicht neu sei, sondern schon in einzelnen Werken der Industrie vorkomme. Außerdem wurde berücksichtigt, daß diese Vergünstigung in dem betreffenden Erlaß nur für Arbeiter, die eine bestimmte Anzahl von Jahren in staatlichen Betrieben beschäftigt seien, in Geltung treten solle.

Der Deutsche Haftpflicht- und Versicherungsschutzverband in Cöln hatte vorgeschlagen, in Verbindung mit der Feuerversicherungskommission des Centralverbandes und den Vertretern der Feuerversicherungsgesellschaften über die Abänderung der allgemeinen Versicherungsbedingungen zu beraten, um diese in Einklang mit dem Gesetzentwurf über den Versicherungsvertrag zu bringen.

Das Direktorium beschloß, die Feuerversicherungskommission des Centralverbandes im geeigneten Zeitpunkte zusammenzuberufen. Es wurde aber in Aussicht genommen, zunächst den Entwurf der allgemeinen Versicherungsbedingungen, der von den Feuerversicherungsgesellschaften nach Annahme des Gesetzentwurfs über den Versicherungsvertrag durch den Reichstag und Bundesrat aufgestellt wird, abzuwarten, ehe die Kommission des Centralverbandes in Verbindung mit dem Deutschen Haftpflicht- und Versicherungsschutzverband unter Zuziehung der Vertreter der Feuerversicherungsgesellschaften tritt.

Das Deutsche Museum von Meisterwerken der Naturwissenschaft und Technik hat an den Centralverband den Antrag auf Gewährung eines Zuschusses zu dem Neubaufonds des Museums gestellt. Das Direktorium beschloß, dem Deutschen Museum für Technik mitzuteilen, daß der Centralverband selbst nicht in der Lage sei, einen Beitrag zu diesem Zwecke zu leisten; er sei aber sehr gern bereit, dem

Direktor des Museums Herrn von Miller in jeder Beziehung zur Beschaffung dieser Mittel aus dem Kreise der Industrie mit Rat und Tat zur Seite zu stehen.

Bei der Enthüllung des Denkmals für den hervorragenden und verdienstvollen, vielfach verkannten deutschen National-Oekonomen Friedrich List in Kufstein am 8. September 1906, einer Feier, die allseitig als wohlgelungen und erhebend bezeichnet wurde, war der Centralverband Deutscher Industrieller durch das geschäftsführende Mitglied des Direktoriums Herrn H. A. Bueck vertreten.

Bezüglich der Frage der Veranstaltung einer Weltausstellung im Jahre 1913 in Berlin hat das Direktorium in seiner Sitzung vom 28. Mai d. J. eine entschieden ablehnende Stellung eingenommen.

Der Centralverband hat, entsprechend den Wünschen, die ihm aus den Kreisen seiner Mitglieder geäußert worden sind, im vorigen Jahre bei der Cölnischen Unfallversicherungs-Aktiengesellschaft zu Cöln einen Vergünstigungsvertrag über Haftpflichtversicherung, Versicherung gegen körperliche Unfälle aller Art, Beamten- und Arbeiter-Kollektivunfallversicherung, Kautions- und Garantieversicherung, Versicherung der vertraglichen Haftpflicht industrieller Betriebe für die Eisenbahnwaggons auf den Anschlußgeleisen, Maschinenversicherung (hinsichtlich dieser Versicherung ist auch die Allianz, Versicherungs-aktiengesellschaft zu Berlin, und die Stuttgarter Mit- und Rückversicherungs-Aktiengesellschaft zu Stuttgart dem Vertrage beigetreten), Glasversicherung, Sturmschädenversicherung, Wasserleitungsschädenversicherung, abgeschlossen.

Im April dieses Jahres hat nunmehr das Direktorium einen weiteren Vergünstigungsvertrag mit dem „Nordstern“, Lebensversicherungs-Aktiengesellschaft zu Berlin, hinsichtlich der Lebensversicherung von Beamten in industriellen Betrieben zum Abschluß gebracht. Wir dürfen hoffen, daß dieser Vertrag unseren Mitgliedern die Möglichkeit gibt, die Fürsorge für die Betriebsbeamten in einer die beiderseitigen Interessen voll berücksichtigenden Form ausüben zu können.

Abdrücke dieses Vertrages können jederzeit von der Geschäftsführung des Centralverbandes bezogen werden.

Von dem Verein für Wasserbau und Wasserwirtschaft wurde der Centralverband zum Beitritt aufgefordert. Das Direktorium hat den Beitritt abgelehnt, da der Zentralverein für Kanal- und Flußschiffahrt den größten Teil des von dem neuen Verein aufgestellten Programms bereits vertrete, der Centralverband aber schon diesem Verein als Mitglied angehört.

Berichtigung

des Herzoglich Meiningischen Staatsministeriums.

Wir erhielten das nachstehende Schreiben, das wir wunschgemäß gerne zu Kenntnis unserer Mitglieder bringen.

Nr. 1, 30 I.

Herzogliches Staatsministerium. Meiningen, den 23. Oktober 1907.

Betreff: die Feuerversicherungs-abgaben.

An

den Centralverband Deutscher Industrieller,
z. H. dessen Geschäftsführer Herrn Bueck
in
Berlin.

Aus den Berichten des Centralverbandes Deutscher Industrieller, Heft 93 (August 1902), das uns jetzt von der Vereinigung der in Deutschland arbeitenden Privat-Feuerversicherungsgesellschaften mitgeteilt worden ist, haben wir (Seite 193) ersehen, daß bei den Verhandlungen des Verbandes mit der genannten Vereinigung Ende Mai 1902 von dem Direktor der Vaterländischen Feuerversicherungsgesellschaft in Elberfeld Springorum die Behauptung aufgestellt worden ist, im Herzogtum Meiningen seien von den Feuerversicherungsabgaben Eisenbahnen und Kirchen gebaut worden.

Diese Behauptung entbehrt jeden Grundes. Nach § 1 des Gesetzes vom 24. Dezember 1877, betreffend Abgabe der Feuerversicherungsanstalten, ist diese Abgabe lediglich für gemeinnützige Zwecke im Interesse der Feuersicherheit bestimmt. Nach § 5 des Gesetzes sollen als solche Zwecke insbesondere gelten: Verwilligungen für das Feuerlöschwesen, zur Unterstützung der Löschmannschaften, welche bei Brandfällen oder bei Uebungen verunglückten, und ihrer Hinterbliebenen, und zur Versicherung derselben gegen solche Unglücksfälle; zur Beseitigung feuergefährlicher Dachungen, Feuerungsanlagen und baulicher

Einrichtungen überhaupt; zur Anlegung von Brandgassen, von Wasserleitungen; zur Regulierung des Wiederaufbaues nach stattgehabten Bränden.

Zu solchen Zwecken ist auch die Abgabe ausschließlich verwendet worden; hauptsächlich waren es die Anschaffung neuer Spritzen und der Bau von Hochdruckwasserleitungen, die mit dem Ertrag der Abgabe gefördert worden sind. Zu dem Bau von Kirchen und von Eisenbahnen ist nicht die geringste Summe davon entnommen worden.

Wir verbinden mit dieser Mitteilung das ergebene Ersuchen, die Richtigstellung jener falschen Behauptung gefälligst in geeignet erscheinender Weise in den Kreisen des Verbandes zur Kenntnis bringen zu wollen.

Schreiben gleichen Inhalts ist auch an die Vereinigung der in Deutschland arbeitenden Privat-Feuerversicherungsgesellschaften gerichtet worden.

v. Ziller.

Verzeichnisse.

Der Ausschuß des Centralverbandes

nach den Neuwahlen und Ergänzungen vom 28. Oktober 1907.

Mitglieder.	Stellvertreter.
Böcking, Rud., Geh. Kommerzienrat, Brebach.	Röchling, Louis, Hüttenbesitzer, Völklingen a. Saar.
Brauns, H., Kommerzienrat, Eisenach.	Lehmann, Dr., Handelskammersyndikus, Geschäftsführer des Vereins Deutscher Tuch- und Wollwarenfabrikanten und des Vereins für die berg- und hüttenmännischen Interessen im Aachener Bezirk, Aachen.
Brückner, Rich., Fabrikbesitzer, Calbe a. Saale.	. . . .
Delius, Karl, Geh. Kommerzienrat, Aachen.	Delden, Gerrit van, Kommerzienrat, Gronau i. W.
Flohr, Baurat, Bredow-Stettin.	Toussaint, Direktor, Kiel.
Gärtner, R., Kommerzienrat, Freiburg i. Schl.	Websky, Ernst, Fabrikbesitzer, Tannhausen.
Goldschmidt, Karl, Dr., Essen.	Curtius, Richard, Duisburg.
Haarmann, A., Dr.-Ing., Geh. Kommerzienrat, Osnabrück.	Baare, Fritz, Geh. Kommerzienrat, Bochum.
Hummel, Friedrich, Generaldirektor, Ettlingen.	Kraner, Direktor, Erlangen.
Kauffmann, Georg, Dr., Kommerzienrat, Wüstegiersdorf in Schlesien.	Dierig, Friedrich, Kommerzienrat, Oberlangenbielau.

. . . .

Krabler, E., Geh. Bergrat, Altenessen.

Kraushaar, Dr., Generaldirektor, Hannover.

Langen, C. O., Fabrikbesitzer, M.-Gladbach.

Linke, Paul, Domänenrat, Slawentzitz.

Lueg, H., Dr.-Ing., Geh. Kommerzienrat, Düsseldorf.

Meyer, Ed., Fabrikbesitzer, Aachen.

Meyer, Gerh. L., Geh. Kommerzienrat, Hannover.

Mieg, Daniel, Fabrikant, Mülhausen i. E.

Müser, Generaldirektor, Dortmund.

Nickel, Ferd., Direktor, Harburg.

Sartorius, Franz, Kommerzienrat, Bielefeld.

Servaes, Geh. Kommerzienrat, Düsseldorf.

Stark, Emil, Kommerzienrat, Chemnitz.

Ugé, Kommerzienrat, Kaiserslautern.

Walter, W., Direktor, Hannover-Linden.

Weisdorff, Generaldirektor, Burbacher Hütte bei Saarbrücken.

Bourcart, Fabrikbesitzer, Gebweiler.

Caro, Geh. Kommerzienrat, Gleiwitz.

Heintze, G., Direktor, Döhren bei Hannover.

Laurenz, Anton, Kommerzienrat, Ochtrup i. W.

Knochenhauer, Bergrat, Kattowitz.

Schroedter, E., Dr.-Ing., Ingenieur, Geschäftsführer des Vereins Deutscher Eisenhüttenleute und des Vereins Deutscher Maschinenbauanstalten, Düsseldorf.

Neubarth, Eug., Fabrikbesitzer, Forst i. L.

Jüngst, Geh. Bergrat, Berlin, Kurfürstendamm 214.

Kuener, Handelskammerpräsident, Colmar.

Graßmann, Bergrat, Essen (Ruhr).

Herbst, Kommerzienrat, Triebes.

Möhlau, Ad., Kommerzienrat, Düsseldorf.

Kamp, Kommerzienrat, Laar bei Ruhrort.

Schmid, Th. W., Direktor, Hof in Bayern.

Stumpf, F., Generalsekretär des Georgs-Marien-Bergwerks- und Hütten-Vereins, Syndikus der Handelskammer zu Osnabrück, Osnabrück.

Goertz, Ed., Kommerzienrat, Mülfort bei Odenkirchen.

Wandel, Justizrat, Essen (Ruhr).

Williger, Bergrat, Kattowitz.

Winkler, Paul, Kommerzienrat, Fürth.

Ziegler, Kommerzienrat, Oberhausen.

Voltz, Dr., M. d. A., Generalsekretär des Oberschlesischen Berg- und hüttenmännischen Vereins, Kattowitz.

Müllensiefen, Th., Kommerzienrat, Crengeldanz.

Scheidtweiler, Regierungsrat, Oberhausen.

Zugewählte Mitglieder.

Beukenberg, Baurat, Hörde i. W.

Beumer, W., Dr., M. d. A., Generalsekretär des Vereins zur Wahrung der gemeinsamen wirtschaftlichen Interessen in Rheinland und Westfalen und der Nordwestlichen Gruppe des Vereins Deutscher Eisen- und Stahl-Industrieller, Düsseldorf.

Blohm, Herm., Hamburg.

Böker, M., Kommerzienrat, Vorsitzender des Bergischen Fabrikantenvereins, Remscheid.

Borsig, E., Kommerzienrat, Berlin.

Brandt, Dr., Syndikus der Handelskammer Düsseldorf, Geschäftsführer des Vereins Deutscher Eisengießereien, Düsseldorf.

Budde, Professor, Dr., Generaldirektor der Aktiengesellschaft Siemens & Halske, Berlin, Askanischer Platz 3.

Buz, Hch., Kommerzienrat, Direktor der Vereinigten Maschinenfabrik Augsburg und Maschinenbaugesellschaft Nürnberg, Augsburg.

Clouth, Franz, Fabrikbesitzer, Cöln-Nippes.

Coste, O., Kommerzienrat, Biere.

Dietel, Franz, Geh. Kommerzienrat, Coßmannsdorf.

Dietrich, Dr., Handelskammer-Syndikus, Plauen.

Ditges, Generalsekretär der Vereins Deutscher Papierfabrikanten und des Vereins Deutscher Schiffswerften, Berlin, Lützow-Ufer 13.

von Donnersmarck, Fürst Guido Henckel, Neudeck (O.-S.).

Dulon, M., Kommerzienrat, Magdeburg.

Evers, Ziegeleibesitzer, Vorsitzender des Verbandes Deutscher Tonindustrieller, Berlin, Gitschinerstraße 109.

Fiebelkorn, Dr., Geschäftsführer des Verbandes Deutscher Tonindustrieller, Berlin, Stephanstraße 50.

Funcke, Wilh., Kommerzienrat, Hagen i. W.

Fuchs, H., Direktor der Norddeutschen Wagenbau-Vereinigung, Charlottenburg, Bleibtreustr. 20.

Goldberger, Geh. Kommerzienrat, Vorsitzender der Ständigen Ausstellungskommission für die deutsche Industrie, Berlin, Markgrafenstr. 53/54.

Gräßner, Bergwerksdirektor a. D., Leopoldshall-Staßfurt.

von Guilleaume, Th., Kommerzienrat, Cöln.

Haas, Karl, Geh. Kommerzienrat, erster stellvertretender Vorsitzender des Vereins Deutscher Zellstofffabrikanten, Waldhof bei Mannheim.

Haeffner, Ad., Fabrikbesitzer, Frankfurt a. M.

Hallbauer, Kommerzienrat, Lauchhammer.

Hartmann, Gust., Geh. Kommerzienrat, Dresden.

Heckmann, Paul, Geh. Kommerzienrat, Berlin, Lützowstr. 64.

Hegenscheidt, Kommerzienrat, Generaldirektor der Oberschl. Eisenbahnbedarfs-Aktien-Ges., Berlin, Unter den Linden 8.

Heller, Ernst, Kommerzienrat, Dr.-Jng., Direktor der Hannoverschen Maschinenbau-Akt.-Ges. vormals Georg Egestorff, Linden-Hannover.

Henneberg, Ernst, Kommerzienrat, Fabrikbesitzer, Freienwalde a. O.

von der Herberg, C., Direktor, Mülheim a. Rh., Vorsitzender der Verkaufsstelle des Deutschen Kupferdrahtverbandes, Cöln.

Hirsch, M. d. A., Syndikus der Handelskammer Essen, Essen (Ruhr).

Hoeter, Ministerialdirektor a. D., Berlin.

Jordan, H., Dr., Bankdirektor, Elberfeld.

Junghann, Geheimer Bergrat, Berlin, Drakestr. 1.

Kirdorf, A., Geh. Kommerzienrat, Rothe Erde bei Aachen.

Kleine, Bergrat, Dortmund, Vorsitzender des Vereins zur Wahrung der bergbaulichen Interessen im Ober-Bergamtsbezirk Dortmund.

Klemme, Dr.-Jng. h. c., Generaldirektor, Bergassessor a. D., St. Avold (Lothringen).

Körting, Berth., Kommerzienrat, Hannover.

Krause, Max, Baurat, Berlin, Chausseestr. 13.

Krüger, Generalleutnant z. D., Exz., Geschäftsführer des Vereins der Fabrikanten landwirtschaftlicher Maschinen und Geräte, Berlin, Burggrafenstr. 13.

Kuhlo, Dr., Syndikus des Bayerischen Industriellen-Verbandes, München.

Landsberg, Heinrich, Direktor des Heddernheimer Kupferwerks, vormals F. A. Hesse Söhne zu Frankfurt a. M., Vorsitzender der Verkaufsstelle des Kupferblechverbandes, Kassel.

Langen, Gottlieb, Cöln.

von und zu Loewenstein, Bergassessor, Geschäftsführer des Vereins zur Wahrung der bergbaulichen Interessen im Oberbergamtsbezirk Dortmund, Essen (Ruhr).

Mann, L., Handelsrichter, Vorsitzender des Vereins Deutscher Lackfabrikanten, Berlin, Meineckestraße 4.

March, Fabrikbesitzer, Vorsitzender des Deutschen Vereins für Ton-, Cement- und Kalkindustrie, Charlottenburg, Sophienstr. 23/25.

Martens, Dr., Syndikus der Handelskammer Dortmund, Dortmund.

Marwitz, Kommerzienrat, Vorsitzender des Vereins der Baumwollgarnkonsumenten, Dresden.

Meesmann, Geschäftsführer des Mittelrheinischen Fabrikanten-Vereins und der Süddeutschen Gruppe des Vereins Deutscher Eisen- und Stahl-Industrieller, Mainz.

Menck, J. A., M. d. A., Kommerzienrat, Altona.

Merwitz, Direktor, Vorsitzender der Verkaufsstelle des Deutschen Kupferrohrverbandes, Cöln.

Neidhardt, Präsident der Handelskammer Plauen, Plauen i. V.

Offermann, Geh. Kommerzienrat, Leipzig.

Protzen, Kommerzienrat, Berlin, Köllnischer Fischmarkt 4.

Rentzsch, H., Dr., Blasewitz bei Dresden.

Schaltenbrand, Vorsitzender des Direktoriums des Stahlwerksverbandes, Düsseldorf.

Schieß, Ernst, Geh. Kommerzienrat, Düsseldorf.

Schimpff, Direktor, Berlin, Uhlandstr. 159.

Schott, F., Kommerzienrat, Heidelberg.

Schroers, A., Kommerzienrat, erster Vorsitzender des Vereins der deutschen Textilveredlungsindustrie, Düsseldorf, Crefeld.

Selve, Geheimer Kommerzienrat, Altena i. W.

Siemsen, Dr., Direktor, Dortmund.

Skene, Karl, Geh. Kommerzienrat, Klettendorf bei Breslau.

Springorum, Generaldirektor, Dortmund, Vorsitzender des Vereins Deutscher Eisenhüttenleute, Düsseldorf.

Steller, Paul, Generalsekretär des Vereins der Industriellen des Regierungsbezirks Cöln und des Vereins Deutscher Werkzeugmaschinenfabriken, Cöln.

Tille, Alexander, Dr., Syndikus der Handelskammer Saarbrücken, Generalsekretär des Vereins zur Wahrung der gemeinsamen wirtschaftlichen Interessen der Saarindustrie und der Südwestlichen Gruppe des Vereins Deutscher Eisen- und Stahl-Industrieller, St. Johann a. d. Saar.

Weinlig, Generaldirektor, Dillingen a. d. Saar.

Weismüller, E., Kommerzienrat, stellvertr. Vorsitzender der Süddeutschen Gruppe des Vereins Deutscher Eisen- und Stahl-Industrieller, Auerbach (Hessen), Heidelbergerstr. 55.

Wenzel, Kommerzienrat, Direktor der Kammgarnspinnerei zu Leipzig, Leipzig.

Werminghoff, J., Generaldirektor, Berlin, Potsdamer Straße 21.

Wessel, C., Geh. Kommerzienrat, Bernburg.

van den Wyngaert, J., Vorsitzender des Verbandes Deutscher Müller, Berlin, Bülowstr. 100.

Zanders, Hans, Fabrikbesitzer, i. F. J. W. Zanders, Papierfabriken, Bergisch-Gladbach.

Zilleken, Generaldirektor, stellvertretender Vorsitzender des Vereins Deutscher Eisen- und Stahl-Industrieller, Neunkirchen (Bez. Trier).

Zörner, Bergrat, Generaldirektor der Maschinenbauanstalt „Humboldt", Kalk b. Cöln.

Zschille, Georg Herm., Dresden, Parkstr. 9.

Liste der Anwesenden
in der
Ausschußsitzung am 28. Oktober 1907 in Berlin.

Mitglieder des Direktoriums:

1. Herr Vopelius, R., Hüttenbesitzer, Mitglied des Herrenhauses, Vorsitzender des Verbandes der Glasindustriellen Deutschlands und der Glas-Berufsgenossenschaft, Vorsitzender, Sulzbach.
2. „ Kirdorf, E., Geh. Kommerzienrat, Generaldirektor der Gelsenkirchener Bergwerks-Akt.-Ges., erster stellvertretender Vorsitzender, Rheinelbe bei Gelsenkirchen.
3. „ Koenig, G., Geh. Regierungsrat, Vorsitzender des Direktoriums des Vereins der Deutschen Zucker-Industrie, zweiter stellvertretender Vorsitzender, Berlin.
4. „ Vorster, Jul., Geh. Kommerzienrat, Mitglied des Hauses der Abgeordneten, Vorsitzender des Vereins der Industriellen des Regierungsbezirks Cöln, Cöln.
5. „ Schlumberger, Th., Geh. Kommerzienrat, Vorsitzender des Elsaß-Lothringischen Industriellen-Syndikats, Mülhausen i. E.
6. „ Semlinger, H., Kommerzienrat, Vorsitzender des Direktoriums des Vereins Süddeutscher Baumwollindustrieller, Bamberg.
7. „ Rötger, Landrat a. D., Vorsitzender des Direktoriums der Akt.-Ges. Fried. Krupp, Essen (Ruhr).
8. „ Hilger, Geh. Bergrat, Generaldirektor der Vereinigten Königs- u. Laurahütte, Berlin.
9. „ Vogel, Geh. Kommerzienrat, Chemnitz.

Mitglieder der Geschäftsführung:

10. Herr Bueck, H. A., Generalsekretär, Geschäftsführer des Centralverbandes Deutscher Industrieller, Berlin.
11. „ Leidig, Regierungsrat a. D., Professor, Dr., stellvertretender Geschäftsführer, Berlin.

12. Herr Zakrzewski, Dr., Berlin.
13. „ Ballerstedt, Dr., Berlin.

Mitglieder:

14. Herr Beumer, Dr., Mitglied des Hauses der Abgeordneten, Generalsekretär, Geschäftsführer des Vereins zur Wahrung der gemeinsamen wirtschaftlichen Interessen in Rheinland und Westfalen und der Nordwestlichen Gruppe des Vereins Deutscher Eisen- und Stahl-Industrieller, Düsseldorf.
15. „ Blohm, Hermann, Hamburg.
16. „ Borsig, E., Kommerzienrat, Berlin.
17. „ Brandt, Dr., Syndikus der Handelskammer und Geschäftsführer des Vereins Deutscher Eisengießereien, Düsseldorf.
18. „ Brauns, H., Kommerzienrat, Eisenach.
19. „ Brückner, Rich., Vorsitzender des Vereins Deutscher Papierfabrikanten, Calbe a. d. Saale.
20. „ Curtius, Richard, Augsburg.
21. „ van Delden, Gerrit, Kommerzienrat, Gronau i. W.
22. „ Delius, Karl, Geh. Kommerzienrat, Dr.-Ing., Aachen.
23. „ Dietrich, Dr., Handelskammersyndikus, Plauen.
24. „ Ditges, Generalsekretär des Vereins Deutscher Papierfabrikanten und des Vereins Deutscher Schiffswerften, Berlin.
25. „ Fiebelkorn, Dr., Geschäftsführer des Verbandes Deutscher Tonindustrieller, Berlin.
26. „ Flohr, Baurat, Bredow-Stettin.
27. „ Fuchs, H., Direktor der Norddeutschen Wagenbauvereinigung, Berlin.
28. „ Funcke, Wilhelm, Kommerzienrat, Hagen.
29. „ Goldschmidt, Carl, Dr., Essen (Ruhr).
30. „ Heckmann, Paul, Geh. Kommerzienrat, Vorsitzender des Gesamtverbandes Deutscher Metallindustrieller, Berlin.
31. „ Hegenscheidt, Kommerzienrat, Generaldirektor der Oberschlesischen Eisenbahnbedarfs-Akt.-Ges., Berlin.
32. „ Heller, Ernst, Kommerzienrat, Dr.-Ing., Hannover-Linden.
33. „ Henneberg, E., Kommerzienrat, Vorsitzender des Vereins deutscher Fabriken feuerfester Produkte, Freienwalde a. O.
34. „ Hoeter, Ministerialdirektor a. D., Berlin.
35. „ Hummel, Friedrich, Generaldirektor, Ettlingen.
36. „ Jüngst, Geh. Bergrat, Berlin.

37. Herr Junghann, Geh. Bergrat, Berlin.
38. „ Kauffmann, Georg, Dr., Kommerzienrat, Wüstegiersdorf.
39. „ Kleine, Bergrat, Vorsitzender des Vereins für die bergbaul. Interessen im Oberbergamtsbezirk Dortmund in Essen, Dortmund.
40. „ Klüpfel, Finanzrat, Essen (Ruhr).
41. „ Köchlin, Alb. G., Steinen (Baden).
42. „ Krüger, Generalleutnant z. D., Exzellenz, Geschäftsführer des Vereins der Fabrikanten landwirtschaftlicher Maschinen und Geräte und des Vereins der Fabrikanten von Mälzerei- und Brauerei-Anlagen, Berlin.
43. „ Kuhlo, Dr., Syndikus des Bayrischen Industriellen-Verbandes, München.
44. „ Landsberg, Heinrich, Direktor des Heddernheimer Kupferwerks, Frankfurt a. M.
45. „ Langen, C. O., Fabrikbesitzer, Vorsitzender des Vereins Rhein.-Westf. Baumwollspinner, München-Gladbach.
46. „ Langen, Gottlieb, Cöln.
47. „ Lehmann, Dr., Dozent und Syndikus der Handelskammer, Geschäftsführer des Vereins Deutscher Tuch- und Wollwarenfabrikanten und des Vereins für die berg- und hüttenmännischen Interessen im Aachener Bezirk, Aachen.
48. „ von und zu Loewenstein, Bergassessor, Geschäftsführer des Vereins für die bergbaulichen Interessen im Oberbergamtsbezirk Dortmund, Essen (Ruhr).
49. „ Lueg, H., Geh. Kommerzienrat, Vorsitzender des Vereins Deutscher Maschinenbauanstalten, Düsseldorf.
50. „ Mann, L., Handelsrichter, Vorsitzender des Vereins Deutscher Lackfabrikanten, Berlin.
51. „ March, Albert, Fabrikbesitzer, Vorsitzender des Vereins für Ton-, Zement- und Kalkindustrie, Charlottenburg.
52. „ Martens, Dr., Syndikus der Handelskammer, Dortmund.
53. „ von Martius, Dr., Vorsitzender der Zentralstelle für Vorbereitung von Handelsverträgen, Berlin.
54. „ Marwitz, Kommerzienrat, Vorsitzender des Vereins der Baumwollgarn-Konsumenten, Dresden.
55. „ Menck, J. A., Kommerzienrat, Mitglied des Hauses der Abgeordneten, Altona.
56. „ Merwitz, Direktor, Vorsitzender der Verkaufsstelle des Deutschen Kupferrohrverbandes, Duisburg.

57. Herr Meyer, Gerh. L., Geh. Kommerzienrat, Vorsitzender der Norddeutschen Gruppe des Vereins Deutscher Eisen- und Stahl-Industrieller, Hannover.
58. „ Reißer, Dr., Justizrat, Geschäftsführer des Vereins Schles. Textilindustrieller, Breslau.
59. „ Neubarth, E., Vorsitzender des Forster Fabrikantenvereins, Forst.
60. „ Sartorius, Fr., Kommerzienrat, Bielefeld.
61. „ Schaltenbrand, Vorsitzender des Direktoriums des Stahlwerksverbandes, Düsseldorf.
62. „ Schieß, Geh. Kommerzienrat, Vorsitzender des Vereins Deutscher Werkzeugmaschinenfabriken, Düsseldorf.
63. „ Schrödter, E., Dr.-Ing., Geschäftsführer des Vereins Deutscher Maschinenbauanstalten und des Vereins Deutscher Eisenhüttenleute, Düsseldorf.
64. „ Siemsen, Dr., Direktor der Akt.-Ges. für Bergbau, Eisen- und Stahlindustrie Union, Dortmund.
65. „ Skene, Geh. Kommerzienrat, Breslau.
66. „ Steller, Paul, Generalsekretär, Geschäftsführer des Vereins der Industriellen des Regierungsbezirks Cöln und des Vereins Deutscher Werkzeugmaschinenfabriken, Cöln.
67. „ Stumpf, Generalsekretär des Georgs-Marien-Bergwerks- und Hüttenvereins und Syndikus der Handelskammer, Osnabrück.
68. „ Tille, Dr., Geschäftsführer des Vereins zur Wahrung der gemeinsamen wirtschaftlichen Interessen der Saarindustrie, der Südwestlichen Gruppe des Vereins Deutscher Eisen- und Stahl-Industrieller und Syndikus der Handelskammer Saarbrücken, St. Johann (Saar).
69. „ Uebel, L., Kommerzienrat, Plauen.
70. „ Walter, W., Direktor, Linden-Hannover.
71. „ Wandel, Justizrat, Essen (Ruhr).
72. „ Weinlig, Generaldirektor a. D., Burg Lede b. Beuel.
73. „ Weisdorff, Generaldirektor, Burbach.
74. „ Weismüller, Kommerzienrat, Auerbach.
75. „ Werminghoff, Generaldirektor, Berlin.
76. „ van den Wyngaert, Direktor, Vorsitzender des Verbandes Deutscher Müller, Berlin.
77. „ Zanders, Hans, Fabrikbesitzer, Berg.-Gladbach.
78. „ Zörner, Bergrat, Generaldirektor der Maschinenbauanstalt Humboldt, Kalk.

Als Gäste waren anwesend:

79. Herr Schweinburg, V., Chefredakteur, Herausgeber der „Berliner Politischen Nachrichten", Berlin.
80. „ Steinmann-Bucher, Herausgeber der „Deutschen Industrie-Zeitung", Berlin.

Entschuldigt haben sich:

Vom Direktorium:

81. Herr Jencke, H., Geh. Finanzrat, Dr.-Ing. h. c., Mitglied des Preuß. Staatsrats und der Sächsischen Ersten Kammer, Dresden.
82. „ von Rieppel, A., Baurat, Dr.-Ing. h. c., Generaldirektor der Vereinigten Maschinenfabrik Augsburg u. Maschinenbaugesellschaft Nürnberg, Nürnberg.

Von Mitgliedern:

83. Herr Baare, Geh. Kommerzienrat, Bochum.
84. „ Böcking, Rud., Geh. Kommerzienrat, Brebach.
85. „ Bourcart, Alf., Fabrikant, Gebweiler.
86. „ Buz, Kommerzienrat, Augsburg.
87. „ Caro, Oskar, Geh. Kommerzienrat, Schloß Paulinum bei Hirschberg i. Schl.
88. „ Clouth, Franz, Fabrikbesitzer, Cöln-Nippes.
89. „ Fürst Henckel von Donnersmarck, Neudeck.
90. „ Dulon, Kommerzienrat, Magdeburg.
91. „ Frey, Max, Geh. Kommerzienrat, Mülhausen i. E.
92. „ Graeßner, Generaldirektor, Leopoldshall-Staßfurt.
93. „ von Guilleaume, Th., Kommerzienrat, Mülheim a. Rh.
94. „ Hallbauer, Kommerzienrat, Lauchhammer.
95. „ Herbst, Kommerzienrat, Triebes.
96. „ Hirsch, M. d. A., Syndikus der Handelskammer, Essen.
97. „ Kamp, Kommerzienrat, Ruhrort.
98. „ Kirdorf, A., Geh. Kommerzienrat, Aachen.
99. „ Krabler, Geh. Bergrat, Altenessen.
100. „ Meesmann, Geschäftsführer des Mittelrheinischen Fabrikanten-Vereins und Syndikus der Handelskammer, Mainz.
101. „ Rentzsch, Dr., Dresden-Blasewitz.
102. „ Rickel, Direktor, Harburg.
103. „ Schmid, Th. W., Direktor, Hof.
104. „ Schott, F., Kommerzienrat, Vorsitzender des Vereins Deutscher Portland-Cement-Fabrikanten, Heidelberg.

105. Herr **Sedlmayr**, Gabriel, Kommerzienrat, München.
106. „ **Servaes**, A., Geh. Kommerzienrat, Vorsitzender des Vereins zur Wahrung der gemeinsamen wirtschaftlichen Interessen in Rheinland und Westfalen, des Vereins Deutscher Eisen- und Stahlindustrieller und der Nordwestlichen Gruppe des Vereins Deutscher Eisen- und Stahlindustrieller, Düsseldorf.
107. „ **Stark**, Kommerzienrat, Vorsitzender der Vereinigung Sächs. Spinnereibesitzer, Chemnitz.
108. „ **Ugé**, Kommerzienrat, Vorsitzender des Vereins Deutscher Eisengießereien, Kaiserslautern.
109. „ **Voltz**, Dr., M. d. A., Generalsekretär, Geschäftsführer des Oberschles. berg- und hüttenmännischen Vereins, Kattowitz.
110. „ **Wessel**, C., Geh. Kommerzienrat, Vorsitzender des Vereins Deutscher Sodafabriken, Bernburg.
111. „ **Winkler**, Paul, Kommerzienrat, Fürth i. Bayern.
112. „ **Ziegler**, Kommerzienrat, Oberhausen.

Liste der Anwesenden
in der
Delegiertenversammlung am 28. Oktober 1907 in Berlin.

Vertreter der Reichs- und Preußischen Staats-Behörden:

1. Herr Vizepräsident des Staatsministeriums und Staatssekretär des Innern von Bethmann-Hollweg, Exzellenz.
2. „ Staatsminister, Minister für Handel und Gewerbe, Delbrück, Exzellenz.
3. „ Finanzminister Freiherr von Rheinbaben, Exzellenz.
4. „ Staatsminister, Minister für öffentliche Arbeiten, Breitenbach, Exzellenz.
5. „ Unterstaatssekretär Wermuth.
6. „ Unterstaatssekretär, Wirklicher Geheimer Rat Fleck, Exzellenz.
7. „ Unterstaatssekretär Dr. Richter.
8. „ Unterstaatssekretär von Loebell.
9. „ Unterstaatssekretär von Guenther.
10. „ Unterstaatssekretär Dr. Freiherr von Coels von der Brügghen.
11. „ Präsident des Reichsversicherungsamts Dr. Kaufmann.

An der Sitzung nahmen als **Vertreter von befreundeten industriellen Organisationen** teil:

Der Zentralstelle für Vorbereitung von Handelsverträgen:

12. Herr von Martius, Dr., Vorsitzender, Berlin.
13. „ Vosberg-Rekow, Dr., Direktor, Geschäftsführer, Berlin.

Des Bundes der Industriellen:

14. Herr Wirth, Geh. Kommerzienrat, Vorsitzender, Berlin.
15. „ Schultze, Direktor, erster stellvertr. Vorsitzender, Berlin.
16. „ Wendlandt, Generalsekretär, Berlin.

Des Vereins zur Wahrung der Interessen der chemischen Industrie Deutschlands:

17. Herr Wenzel, Direktor, Geschäftsführer, Berlin.

Des Reichsverbandes gegen die Sozialdemokratie:

18. Herr von Liebert, Generalleutnant z. D., Exzellenz, Vorsitzender, Berlin.

Der Ständigen Ausstellungskommission für die deutsche Industrie:

19. Herr Goldberger, Geh. Kommerzienrat, Vorsitzender, Berlin.

Mitglieder des Direktoriums:

20. Herr Vopelius, Hüttenbesitzer, Mitglied des Herrenhauses, Vorsitzender des Verbandes der Glasindustriellen Deutschlands und der Glas-Berufsgenossenschaft, Vorsitzender, Sulzbach.
21. " Kirdorf, E., Geh. Kommerzienrat, Generaldirektor der Gelsenkirchener Bergwerks-Aktien-Gesellschaft, erster stellvertretender Vorsitzender, Rheinelbe bei Gelsenkirchen.
22. " Koenig, G., Geh. Regierungsrat, Vorsitzender des Direktoriums des Vereins der Deutschen Zucker-Industrie, zweiter stellvertretender Vorsitzender, Berlin.
23. " Vorster, Julius, Geh. Kommerzienrat, Mitglied des Hauses der Abgeordneten, Vorsitzender des Vereins der Industriellen des Regierungsbezirks Cöln, Cöln.
24. " Schlumberger, Th., Geh. Kommerzienrat, Vorsitzender des Elsaß-Lothringischen Industriellen-Syndikats, Mülhausen i. E.
25. " Semlinger, H., Kommerzienrat, Vorsitzender des Direktoriums des Vereins Süddeutscher Baumwoll-Industrieller, Direktor der Mechanischen Baumwollspinnerei und Weberei Bamberg, Bamberg.
26. " Rötger, Landrat a. D., Vorsitzender des Direktoriums der Akt.-Ges. Fried. Krupp, Essen (Ruhr).
27. " Hilger, Geh. Bergrat, Generaldirektor der Vereinigten Königs- und Laurahütte, Berlin.
28. " Vogel, Geh. Kommerzienrat, Chemnitz.
29. " Bueck, H. A., geschäftsführendes Mitglied im Direktorium, Berlin.

Mitglieder der Geschäftsführung:

30. Herr Leidig, Regierungsrat a. D., Professor Dr., stellvertretender Geschäftsführer, Berlin.
31. „ Zakrzewski, Dr., Berlin.
32. „ Ballerstedt, Dr., Berlin.

Mitglieder:

33. Herr von Allwörden, Kommerzienrat, für den Verein Deutscher Tuch- und Wollwarenfabrikanten, Osterode a. H.
34. „ Anhegger, Eug., Direktor, für den Verein Süddeutscher Baumwollindustrieller, Eßlingen.
35. „ Anner, Jacob, Kommerzienrat, Reutlingen.
36. „ Apelt, Dr., Syndikus der Handelskammer M.-Gladbach, M.-Gladbach.
37. „ Baier, L., Direktor der Dampfkesselfabrik von Anton Rodberg, A.-G., Darmstadt.
38. „ Balzer, Bergwerksdirektor, für den Verein für die bergbaulichen Interessen Niederschlesiens, Waldenburg.
39. „ Bauer, Ludw., Darmstadt.
40. „ Baur, G., Direktor der Akt.-Ges. Fried. Krupp, Germaniawerft, Kiel-Gaarden.
41. „ Bäumler, Direktor, Major a. D., Dessau.
42. „ Beermann, Hermann, Kommerzienrat, i. Fa. Carl Beermann, Berlin.
43. „ Bendix, Max, Charlottenburg.
44. „ Benger, Wilh., i. Fa. Wilhelm Benger Söhne, Stuttgart.
45. „ Besserer, Kommerzienrat, Staßfurt.
46. „ Beumer, Dr., Mitglied des Hauses der Abgeordneten, Geschäftsführer der Nordwestlichen Gruppe des Vereins Deutscher Eisen- und Stahl-Industrieller und des Vereins zur Wahrung der gemeinsamen wirtschaftlichen Interessen in Rheinland und Westfalen, Düsseldorf.
47. „ Bitta, Justizrat und Generaldirektor, Neudeck (O.-Schl.).
48. „ Blohm, Hermann, Hamburg.
49. „ von Boch, Geh. Kommerzienrat, Mettlach.
50. „ Bodenstein, Dr. von, Reg.-Ass., für den Verein für die bergbaulichen Interessen im Oberbergamtsbezirk Dortmund, Essen (Ruhr).
51. „ Borsig, E., Kommerzienrat, Berlin.

52. Herr Brandt, Dr., Geschäftsführer des Vereins Deutscher Eisengießereien und Syndikus der Handelskammer Düsseldorf, Düsseldorf.
53. „ Brandts, Rich., Fabrikbesitzer, M.-Gladbach.
54. „ Brauns, Kommerzienrat, Eisenach.
55. „ von Brixen, gen. von Hahn, Major a. D., Geschäftsführer des Verbandes Deutscher Preßhefefabrikanten, Berlin.
56. „ Brückner, Rich., Vorsitzender des Vereins Deutscher Papierfabrikanten, Calbe a. S.
57. „ Bruhn, W., Fabrikbesitzer, Berlin.
58. „ Bruns, Joh., Fabrikant, Bremen.
59. „ Budde, E., Professor Dr., Generaldirektor der Firma Siemens u. Halske, Berlin.
60. „ Buschmann, Bernh., Direktor, Geschäftsführer der Ziegelei-Berufsgenossenschaft, Charlottenburg.
61. „ Busley, Geh. Regierungsrat, Professor, Berlin.
62. „ Büttner, Dr., Geschäftsführer des Vereins Süddeutscher Baumwollindustrieller und Syndikus der Handels- und Gewerbekammer für Schwaben und Neuburg, Augsburg.
63. „ Charlier, Paul, Kommerzienrat, i. Fa. van der Zypen und Charlier, Cöln-Deutz.
64. „ Clad, F. T., Ronneburg i. S.
65. „ Cornehls, O., Direktor der Reiherstieg Schiffswerft und Maschinenfabrik, Hamburg.
66. „ Curtius, Richard, Fabrikbesitzer, Duisburg.
67. „ van Delden, Gerrit, Kommerzienrat, Gronau i. W.
68. „ Delius, Geh. Kommerzienrat, Dr.-Ing., Aachen.
69. „ Dierig, E., Oberlangenbielau.
70. „ Dierig, Georg, Dr., Fabrikbesitzer, i. Fa. Christian Dierig, Oberlangenbielau.
71. „ Dierig, Wolfgang, Dr., i. Fa. Christian Dierig, Oberlangenbielau.
72. „ Dietrich, Dr., Syndikus der Handelskammer Plauen, Plauen i. V.
73. „ Dilloo, Dr. jur., Gr.-Lichterfelde.
74. „ Dilthey, Aug., i. Fa. Aug. Dilthey & Söhne, Rheydt.
75. „ Dinglinger, Georg, i. Fa. A. F. Dinglinger, Berlin.
76. „ Ditges, Generalsekretär, Geschäftsführer des Vereins Deutscher Papierfabrikanten u. der Vereinigung Deutscher Schiffswerften, Berlin.

77. Herr Dittmar, M., Direktor, Vorsitzender der Vereinigung Deutscher Baumwollstrickgarn-Fabrikanten, Magdeburg.
78. „ Doehler, Ed., Fabrikbesitzer, zweiter stellvertretender Vorsitzender der Handelskammer Plauen, Crimmitschau.
79. „ Dollfus, G. Edmund, zweiter stellvertretender Vorsitzender der Handelskammer Chemnitz, Chemnitz.
80. „ Dreger, Hüttendirektor, Peine.
81. „ Ebart, W., Kommerzienrat, Fabrikbesitzer, Berlin.
82. „ Everth, Franz, Direktor der Verkaufsgenossenschaft für Rathenower Ziegeleifabrikate zu Genthin, Berlin.
83. „ Fahrenhorst, Dr. jur., Regierungsrat a. D. und Direktor der Akt.-Ges. „Phönix", Ruhrort (Phönix).
84. „ Feller, Fritz, Bergwerks-Direktor, Berlin.
85. „ Fiebelkorn, Dr., Geschäftsführer des Verbandes Deutscher Tonindustrieller, Berlin.
86. „ Fleithmann, Kommerzienrat, Generaldirektor der Vereinigten Deutschen Nickelwerke, Düsseldorf.
87. „ Flohr, Baurat, Direktor der Maschinenfabrik Vulcan, Stettin-Bredow.
88. „ Fröhlich, Paul, Direktor der Gewerkschaft Ludwig II., Staßfurt.
89. „ Frommel, A., Teilhaber der Firma Wilh. Buz & Söhne, Augsburg.
90. „ Fuchs, Direktor der Norddeutschen Wagenbauvereinigung, Berlin.
91. „ Funcke, Wilh., Kommerzienrat, Hagen.
92. „ Gebauer, J., Fabrikbesitzer, Berlin.
93. „ Geist, Ernst Heinrich, Direktor der Ernst Heinrich Geist Elektrizitäts-Akt.-Ges., Cöln.
94. „ Gerstein, M., Sekretär der Handelskammer, Hagen.
95. „ Gminder, Kommerzienrat, i. Fa. Ullrich Gminder, Reutlingen.
96. „ Goecke, Rheinisch-Westfälische Zeitung, Essen (Ruhr).
97. „ Goehring, Dr., Spindlersfeld.
98. „ Goldschmidt, Carl, Dr., i. Fa. Theodor Goldschmidt, chem. Fabrik, Essen (Ruhr).
99. „ Göldner, Otto, i. Fa. C. B. Göldner, Werdau.
100. „ Goossens, Peter, Fabrikbesitzer, i. Fa. J. Goossens Waggonfabrik, Aachen.
101. „ Gösning, Friedr., Pirna.

102. Herr Götze, Emil, Generalsekretär des Verbandes der Glasindustriellen Deutschlands und der Glas-Berufsgenossenschaft, Berlin.
103. „ Gottstein, Leo, Dr., Generaldirektor, Breslau.
104. „ Grabenstedt, Dr., Generalsekretär des Gesamtverbandes Deutscher Metallindustrieller, Berlin.
105. „ Gradner, Gustav, Direktor, Uhingen.
106. „ Gravemann, Carl, Kommerzienrat, stellvertretender Vorsitzender der Handelskammer Hagen, Düsseldorf.
107. „ Großberger, Lud., Generaldirektor der Kneutlinger Hütte, Kneutlingen in Lothringen.
108. „ Grotjan, Kommerzienrat, erster Vorstand und Direktor der München-Dachauer Papierfabriken, München.
109. „ Grotrian, W., Hof-Pianoforte-Fabrikant, Braunschweig.
110. „ Guggenheimer, E., Dr. jur., Direktor der Vereinigten Maschinenfabrik Augsburg und Maschinenbaugesellschaft Nürnberg, Augsburg.
111. „ Günther, Paul, Dampfziegeleibesitzer, Wittstock.
112. „ Haas, Geheimrat, Mannheim.
113. „ Haas, Neuhoffnungshütte b. Sinn.
114. „ Haasemann, Direktor, Bremen.
115. „ Häcker, H., Direktor der Gewerkschaft Grillo, Funke & Co., Gelsenkirchen.
116. „ Haefelin, Dr., Reg.-Ass., Generalsekretär des Vereins Deutscher Motorfahrzeug-Industrieller, Berlin.
117. „ Hage, A., Fabrikant, i. Fa. A. Senking, Hildesheim.
118. „ Hammer, Carl, Geschäftsführer des Vereins für die bergbaulichen Interessen Niederschlesiens, Waldenburg.
119. „ Haßlacher, Dr., Bergwerksdirektor, Gelsenkirchen.
120. „ Hebebrand, W., Fabrikbesitzer, Berlin.
121. „ Heckmann, Paul, Geh. Kommerzienrat, Vorsitzender des Gesamtverbandes Deutscher Metallindustrieller, Berlin.
122. „ Hegenscheidt, Kommerzienrat, Generaldirektor der Oberschles. Eisenbahnbedarfs-Akt.-Ges., Berlin.
123. „ Heidepriem, Ziegeleibesitzer, Rathenow.
124. „ Heller, Ernst, Dr.-Ing., Kommerzienrat, Generaldirektor der Hannoverschen Maschinenbau-Akt.-Ges., Linden-Hannover.
125. „ Hempel, Direktor der Papierfabrik Gröningen, Gröningen.
126. „ Henneberg, E., Kommerzienrat, Vorsitzender des Vereins deutscher Fabriken feuerfester Produkte, Freienwalde a. O.

127. Herr Hentschel, W., Werdau.
128. „ Hering, A., Generaldirektor, Schriftführer des Bayrischen Industriellen-Verbandes, Nürnberg.
129. „ Heymann, Herm., Berlin.
130. „ Hildebrand, Direktor der Erdmannsdorfer Akt.-Ges. für Flachsgarn-Maschinen-Spinnerei und Weberei, Zillerthal i. Schl.
131. „ Hoehl, Walter, Direktor im Ausschuß der Steinsalzwerke Leopoldshall-Staßfurt, Staßfurt.
132. „ Hoesch, Robert, Direktor des Eisen- und Stahlwerk Hoesch, Dortmund.
133. „ Hoeter, Ministerialdirektor a. D., Berlin.
134. „ Hoff, Ernst, Dr., Geschäftsführer für den Arbeitgeberverband für den Bezirk der Nordwestlichen Gruppe des Vereins Deutscher Eisen- und Stahl-Industrieller, Düsseldorf.
135. „ Hofmann, Paul, Spinnerei und Färberei, Neukirchen-Pleiße.
136. „ Holzhey, Carl, i. Fa. Mechanische Weberei C. Holzhey, Schwabmünchen, Augsburg.
137. „ Holzweißig, L., Kommerzienrat, Eilenburg.
138. „ Horbach, Oberst z. D., Spezialbevollmächtigter der Gasmotorenfabrik Deutz, Berlin.
139. „ Howaldt, Geh. Kommerzienrat, Direktor der Howaldtswerke, Kiel.
140. „ Hübner, K., Direktor der Akt.-Ges. Fried. Krupp, Germania-Werft, Kiel.
141. „ Hübner, Max, Kommerzienrat, Liegnitz.
142. „ Hummel, Generaldirektor, Ettlingen.
143. „ Jahn, W., Direktor, Vorsitzender der Ziegelei-Berufsgenossenschaft, Stettin.
144. „ Janssen, Bergassessor, Generaldirektor der Bergwerksgesellschaft Trier zu Hamm i. Westf., Kappenberg bei Lünen a. Lippe.
145. „ Illenberg, H., Marienhütte.
146. „ Illgner, Direktor der Verkaufsvereinigung Oberschlesischer Kalkwerke, Oppeln.
147. „ Joly, Hubert, Fabrikbesitzer, Wittenberg.
148. „ Jordan, W., Direktor, Halle.
149. „ Jüngst, Geh. Bergrat, Berlin.
150. „ Junghann, O., Geh. Bergrat, Berlin.

151. Herr Junk, H., Direktor der Sächsischen Maschinenfabrik vorm. Rich. Hartmann, Akt.-Ges., Chemnitz.
152. „ Kabel, Herm., Kaufmann und Fabrikbesitzer, Chemnitz.
153. „ Kahle, Alfred, Vorstand der Vigogne-Aktien-Spinnerei Werdau, Werdau i. Sa.
154. „ Karcher, E., Direktor der Dillinger Hüttenwerke, Dillingen a. Saar.
155. „ Kauffmann, G., Dr., Kommerzienrat, Wüstegiersdorf.
156. „ Keibel, Dr., Syndikus der Handelskammer Mülheim (Ruhr)-Oberhausen, Mülheim (Ruhr).
157. „ von Keßler, L., Direktor der Maschinenfabrik Eßlingen, Eßlingen.
158. „ Kiener, André, Präsident der Handelskammer Colmar, Colmar i. Els.
159. „ Kintzlé, Fritz, Generaldirektor, Rothe Erde b. Aachen.
160. „ Kleczewer, Direktor der Allgemeinen Elektrizitäts-Gesellschaft, Berlin.
161. „ Kleine, Bergrat, Vorsitzender des Vereins für die bergbaulichen Interessen im Oberbergamtsbezirk Dortmund in Essen (Ruhr), Dortmund.
162. „ Klüpfel, Finanzrat, Essen (Ruhr).
163. „ Knobbe, Generalleutnant, Exzellenz, Besitzer des Kauscha-Werkes, Kauscha.
164. „ Koechlin, Alb. G., für den Verein Süddeutscher Baumwollindustrieller, Steinen (Baden).
165. „ Kose, Dr. jur., Geschäftsführer des Verbandes Berliner Metall-Industrieller, Berlin.
166. „ Kraiger, Bergwerksdirektor, für den Magdeburger Braunkohlenbergbau-Verein, Helmstedt.
167. „ Kraner, R., Direktor der Baumwollspinnerei Erlangen, Erlangen.
168. „ Kreß, Fr., Bergwerksdirektor, Potsdam.
169. „ Kreutz, Jacob, Vorsitzender des Vereins für den Verkauf von Siegerländer Roheisen und des Siegerländer Eisenstein-Vereins, Siegen.
170. „ Krisch, Julius, Direktor der Braunschweigischen Kohlenbergwerke, Helmstedt.
171. „ Krug, H., Bergdirektor, Hohndorf, Bez. Chemnitz.
172. „ Krüger, Generalleutnant z. D., Exzellenz, Geschäftsführer des Vereins der Fabrikanten landwirtschaftlicher Maschinen und Geräte und des Verbandes Deutscher Maschinenfabrikanten für Brauerei- und Mälzerei-Anlagen, Berlin.

173. Herr Kugel, Carl, Fabrikdirektor, i. Fa. Kugel & Benz, Werdohl.
174. „ Kuhlo, Dr., Syndikus des Bayrischen Industriellen-Verbandes, München.
175. „ Kusel, Direktor der Baumwollspinnerei-Aktiengesellschaft Gelenau i. Erzgeb., Gelenau i. Erzgeb.
176. „ Landgraf, Wilh., Ingenieur, Berlin.
177. „ Landsberg, H., Direktor des Heddernheimer Kupferwerks, Frankfurt a. M.
178. „ Langen, C. O., jr., Vorsitzender des Verbandes Rheinisch-Westfälischer Baumwollspinner, M.-Gladbach.
179. „ Langen, Gottlieb, Cöln.
180. „ Lehmann, H., Dr., Dozent und Syndikus der Handelskammer Aachen, Geschäftsführer des Vereins Deutscher Tuch- und Wollwarenfabrikanten und des Vereins für die berg- und hüttenmännischen Interessen im Aachener Bezirk, Aachen.
181. „ Leinweber, Eugen, Fabrikbesitzer, i. Fa. A. Leinweber & Co., Gleiwitz.
182. „ Lemmer, Alb., Kommerzienrat, Berlin.
183. „ Lentz, P. F., zweiter Vize-Präsident der Bremer Baumwollbörse, Bremen.
184. „ Leusch, Herm., Crefeld.
185. „ von Lewinski, Willy, Bergassessor a. D., Bergwerksbesitzer, Weißwasser.
186. „ Leyendecker, Hans, Fabrikbesitzer, Cöln.
187. „ Lindgens, Adolf, i. Fa. Lindgens & Söhne, Mülheim a. Rh.
188. „ Lob, Generaldirektor der Hohenlohe-Werke, Akt.-Ges., Hohenlohehütte.
189. „ Lochmüller, W., Dr., Geschäftsführer des Verbandes Deutscher Baumwollgarn-Verbraucher, Dresden.
190. „ Loewe, Dr., Magdeburg.
191. „ von und zu Loewenstein, Bergassessor, Geschäftsführer des Vereins für die bergbaulichen Interessen im Oberbergamtsbezirk Dortmund, Essen (Ruhr).
192. „ Lueg, H., Geh. Kommerzienrat, Vorsitzender des Vereins Deutscher Maschinenbauanstalten, Düsseldorf.
193. „ Lüthgen, Generaldirektor der Bergwerksgesellschaft Dahlbusch, Rotthausen (Kr. Essen).
194. „ Mann, L., Vorsitzender des Verbandes Deutscher Lackfabrikanten, Berlin.
195. „ Mannstaedt, L., sen., Kalk b. Cöln.

196. Herr **March**, Alb., Fabrikbesitzer, Vorsitzender des Vereins für Ton-, Zement- und Kalkindustrie, Charlottenburg.
197. „ **Martens**, Dr., Syndikus der Handelskammer Dortmund, Dortmund.
198. „ **Marwitz**, Georg, Kommerzienrat, Generaldirektor der Dresdener Gardinen- und Spitzen-Manufaktur, Akt.-Ges., Vorsitzender des Vereins der Baumwollgarn-Konsumenten, Dresden.
199. „ **Mathies**, Regierungsrat, Generaldirektor der Akt.-Ges. für Bergbau, Eisen- und Stahl-Industrie „Union", Dortmund.
200. „ **Menck**, Kommerzienrat, Mitglied des Hauses der Abgeordneten, Altona a. d. Elbe.
201. „ **Merwitz**, E., Fabrikdirektor, Vorsitzender der Verkaufsstelle des Deutschen Kupferrohr-Verbandes, Duisburg.
202. „ **Methner**, Konrad, Fabrikbesitzer, Mitinhaber der Firma Papierfabrik Ziegenhals, Glogner & Methner, Ziegenhals.
203. „ **Methner**, P., Geh. Kommerzienrat, Landshut.
204. „ **Meyer**, Franz, Vorsitzender der Oelsnitzer Bergbau-Gewerkschaft, Glauchau.
205. „ **Meyer**, Gerh. L., Geh. Kommerzienrat, Vorsitzender der Norddeutschen Gruppe des Vereins Deutscher Eisen- und Stahl-Industrieller, Hannover.
206. „ **Meyer-Böhmer**, Bremen.
207. „ **Michaelis**, Dr., Konsulent der Gewerbekammer, Bremen.
208. „ **Milde**, Knappschaftsdirektor, Tarnowitz.
209. „ **Mollat**, Dr. jur., Syndikus der Handelskammer Siegen und Geschäftsführer des berg- und hüttenmännischen Vereins, Siegen.
210. „ **Mumm**, Ernst, Landrichter a. D., Syndikus der Handelskammer Chemnitz, Chemnitz.
211. „ **Neubarth**, E., Vorsitzender des Forster Fabrikantenvereins, Forst.
212. „ **Neißer**, Dr., Justizrat, Geschäftsführer des Vereins Schlesischer Textilindustrieller, Breslau.
213. „ **Niethammer**, Conrad, Dr. jur., Mitinhaber der Firma Kübler & Niethammer, Kriebstein.
214. „ **Olfe**, Direktor des Rheinisch-Westfälischen Kohlensyndikats, Essen (Ruhr).
215. „ **Ost**, Charlottenburg.
216. „ **Othberg**, Bergrat, Pumpe b. Eschweiler.

217. Herr Peltzer, Adolf Fr., Fabrikbesitzer, M.-Gladbach.
218. „ Philipp, Alexander, Geh. Kommerzienrat, Vorsitzender der Handelskammer Chemnitz, Chemnitz.
219. „ Pietschmann, Paul, Besitzer der Dampfziegelei Zehden, Steglitz.
220. „ Pohl, Ernst, Dr., Geschäftsführer des Arbeitgeberverbandes für die Provinz Sachsen, Magdeburg.
221. „ Prüssing, Paul, Dr., Zementfabrikant, Schönebeck.
222. „ Puchert, Richard, Spinnereibesitzer, Ruppertsgrün-Werdau.
223. „ Rausche, Gebhard, Dortmund.
224. „ Reichenbach, Oskar, für den Verband Deutscher Baumwollgarn-Konsumenten, Dresden-Blasewitz.
225. „ von Reiswitz, Cäsar, Geschäftsführer der Arbeitgeberverbände Unterelbe, Hamburg, Altona, Schiffbeck, Billwerder und des Verbandes zur Wahrung der Interessen der Betriebskrankenkassen, Hamburg.
226. „ Reuther, Oskar, Geschäftsführer des Verbandes Deutscher Druckpapierfabriken, Berlin.
227. „ Rhazen, Regierungsrat und Generaldirektor, Cöln-Deutz.
228. „ Rieck, Joh., Ingenieur, i. Fa. Heinrich Brandenburg, Schiffswerft, Hamburg.
229. „ Rössing, Kommerzienrat, erster stellvertretender Vorsitzender der Handelskammer Plauen, Plauen.
230. „ Roitzsch, Ernst, Geschäftsführer des Verbandes von Arbeitgebern der Sächsischen Textilindustrie, Chemnitz.
231. „ Rosenberger, Heinz, Fabrikbesitzer, Oberlangenbielau.
232. „ Russina, Rudolf, Fabrikdirektor, Eilenburg.
233. „ Rückert, Direktor der Norddeutschen Braunkohlenwerke, Aktiengesellschaft in Frellstedt, Helmstedt.
234. „ Saatz, Max, Fabrikbesitzer, i. Fa. Cocosteppich-Fabrik vorm. M. Wittmann, Coswig.
235. „ Sartorius, Fr., Kommerzienrat, Bielefeld.
236. „ Schaltenbrand, E., Vorsitzender des Direktoriums des Stahlwerks-Verbandes, Düsseldorf.
237. „ Schieß, Geh. Kommerzienrat, Vorsitzender des Vereins Deutscher Werkzeugmaschinenfabriken, Düsseldorf.
238. „ Schlieper, Alexander, Vohwinkel.
239. „ Schmidt, Oswald, Stadtrat, Mitglied des Fabrikantenvereins Forst, Forst.
240. „ Schmitz, Direktor der Firma Jacques Piedbeuf, Düsseldorf.
241. „ Schnell, Jos., Fabrikdirektor, Pfersee-Augsburg.

242. Herr Schorer, Th., Chemiker, Mitglied der Gewerbekammer, Lübeck.
243. „ Schroeder, Dr., Rechtsanwalt, Konsulent der Gewerbekammer, Lübeck.
244. „ Schroedter, E., Dr.=Ing., Geschäftsführer des Vereins Deutscher Maschinenbauanstalten und des Vereins Deutscher Eisenhüttenleute, Düsseldorf.
245. „ Schroers, A., Kommerzienrat, Crefeld.
246. „ von Schubert, Generalleutnant z. D., Exzellenz, Berlin.
247. „ Schuda, L., Ziegelei= und Sägewerkbesitzer, Strelno, Reg.=Bez. Posen.
248. „ Schürer, Richard, Kommerzienrat, Vorsitzender der Süddeutschen Textil=Berufsgenossenschaft, Augsburg.
249. „ Schürholz, H., Fabrikant, Vorsitzender des Verbandes Deutscher Cocosindustrieller, Hervest=Dorsten.
250. „ Selve, Gust., Geh. Kommerzienrat, Vorsitzender des Verbandes Deutscher Messingwerke, Altona.
251. „ Siebert, Kommerzienrat, Elbing.
252. „ Siegel, Georg, i. Fa. Feodor Siegel, Maschinenfabrik, Eisengießerei und Kesselschmiede, Schönebeck.
253. „ Siegert, A., Direktor der Zuckerraffinerie Hildesheim, Vorsitzender des Industrievereins Hildesheim, Hildesheim.
254. „ Siemsen, Dr., Direktor der Akt.=Ges. für Bergbau, Eisen= und Stahlindustrie „Union", Dortmund.
255. „ Skene, Geh. Kommerzienrat, Klettendorf bei Breslau.
256. „ Solf, Ernst, H., Bergwerksbesitzer, Altenburg (S.=A.).
257. „ Sorge, Direktor der Firma Fried. Krupp Aktiengesellschaft, Grusonwerk, Magdeburg=Buckau.
258. „ Spranger, Marienfelde.
259. „ Stahl, Direktor der Stettiner Maschinenbau=Aktiengesellschaft „Vulcan".
260. „ Stang, Alb., Vizepräsident der Handelskammer, Gera.
261. „ Stegemann, Professor, Bergassessor, Geschäftsführer des Vereins der Steinkohlenwerke des Aachener Bezirks, Aachen.
262. „ Steiner, Fritz, Direktor, Bayreuth.
263. „ Steller, Paul, Generalsekretär, Geschäftsführer des Vereins der Industriellen des Reg.=Bez. Cöln und des Vereins Deutscher Werkzeugmaschinenfabriken, Cöln.
264. „ Steven, Carl, Direktor der Felten & Guilleaume=Lahmeyerwerke, Akt.=Ges., Mülheim a. Rhein.

265. Herr Stevens, A., Fabrikant, H.-Dorsten.
266. „ Stickfel, Ed., Fabrikdirektor, Berlin.
267. „ Stöckicht, Adolf, Fabrikbesitzer, Rüsselsheim.
268. „ Stumpf, Generalsekretär des Georgs-Marien-Bergwerks- und Hüttenvereins und Syndikus der Handelskammer, Osnabrück.
269. „ Tapolski, W., Dr., i. Fa. Chemische Fabrik B. Borowsky Nachf., Spandau.
270. „ Tänzler, Dr., Syndikus der Hauptstelle Deutscher Arbeitgeberverbände, Berlin.
271. „ Thiel, Heinr., Direktor der Stanz- und Emaillierwerke, vorm. Carl Thiel & Söhne, Lübeck.
272. „ Tille, Dr., Geschäftsführer des Vereins zur Wahrung der gemeinsamen wirtschaftlichen Interessen der Saarindustrie und Syndikus der Handelskammer Saarbrücken, St. Johann (Saar).
273. „ Toelle, Curt, i. Fa. Gustav Toelle, Papierfabrik, Wildenfels, Langenbach.
274. „ Trutz, K. (Jos. Neuß Motor), Berlin.
275. „ Tschierschky, Dr., Geschäftsführer des Vereins der Deutschen Textilveredlungsindustrie, Düsseldorf.
276. „ Tübben, A., Geschäftsführer des Deutschen Kupferdrahtverbandes, Cöln.
277. „ Türke, W., Direktor der Akt.-Ges. H. F. Eckert, Vorstandsmitglied des Vereins der Fabrikanten landwirtschaftlicher Maschinen und Geräte, Berlin.
278. „ Uebel, L., Kommerzienrat, i. Fa. Gebrüder Uebel, Plauen i. Vogtl.
279. „ Voelcker, Regierungsrat, Dr., Vertreter des Verbandes Deutscher Messingwerke, Berlin.
280. „ Ventzki, A., Kommerzienrat, Berlin.
281. „ Vopelius, Louis, Kommerzienrat, Sulzbach.
282. „ Wachtel, Dagobert, i. Fa. F. W. Wachtel, Maschinenfabrik und Vertreter der Firma Fried. Krupp, Grusonwerk, Breslau.
283. „ Wagner, Dr., Berlin.
284. „ Waldschmidt, Dr., Direktor der Firma Ludw. Loewe, Berlin.
285. „ Walter, W., Spinnereidirektor, Hannover-Linden.
286. „ Waltz, Rich., Direktor der Neuen Baumwollspinnerei und Weberei Hof, Hof i. Bayern.

287. Herr Wandel, Justizrat, Essen (Ruhr).
288. „ Weichelt, Carl, Eißengießereibesitzer, Leipzig.
289. „ Weinlig, Otto Friedrich, Generaldirektor a. D., Mitglied des Aufsichtsrats der Dillinger Hüttenwerke, Burg Lede bei Beuel a. Rh.
290. „ Weise, R. Ernst, Fabrikbesitzer, Halle a. S.
291. „ Weisdorff, Generaldirektor der Burbacher Hütte, Burbach.
292. „ Weismüller, E., Kommerzienrat, Auerbach.
293. „ Weniger, Direktor der Gewerkschaft ver. Marie Louise, Oschersleben.
294. „ Werminghoff, Generaldirektor, Berlin.
295. „ Wiebe, Dr., Syndikus der Handelskammer Bochum, Bochum.
296. „ Wiede, Ernst, Fabrikbesitzer, i. Fa. Otto Müller & Co., Seidenberg.
297. „ Wiede, Kommerzienrat, Cainsdorf.
298. „ Wiedemann, Th., Vorstand der Augsburger Kammgarnspinnerei, Augsburg.
299. „ Wienands, Emil, Fabrikbesitzer, Vorsitzender der Spinnereivereinigung Rheydt, Rheydt.
300. „ Wiesen, H. C., Fabrikbesitzer, i. Fa. Websky, Hartmann & Wiesen, Wüstewaltersdorf.
301. „ Wihard, Hugo, Rittmeister a. D., Herrschafts- und Fabrikbesitzer, i. Fa. H. u. F. Wihard, Liebau.
302. „ Winkler, Generaldirektor, Berlin.
303. „ Wode, Hermann, Direktor der Wilhelmshütte, Eulau-Wilhelmshütte, Reg.-Bez. Liegnitz.
304. „ Wolf, Georg, Dr., Bergwerksbesitzer, Zwickau.
305. „ Wurster, Gustav, Vorstand und Direktor der Mechanischen Baumwollspinnerei und Weberei, Bayreuth.
306. „ van den Wyngaert, J. J., Direktor, Vorsitzender des Verbandes Deutscher Müller, Berlin.
307. „ Zanders, Hans, Kommerzienrat, Berg.-Gladbach.
308. „ Zerener, H. E., Fabrikbesitzer, Vorsitzender des Centralverbandes der Dampfwäschereien Deutschlands, Berlin.
309. „ Ziegler, Dr., Generalsekretär der Vereinigung der in Deutschland arbeitenden Privat-Feuerversicherungsgesellschaften, Berlin.
310. „ Zillessen, Fr., Buchdruckerei Gutenberg, Berlin.
311. „ Zörner, Bergrat, Generaldirektor der Maschinenbauanstalt Humboldt, Kalk.

Als Gäste waren anwesend:

312. Herr Engel, Bergmeister, Berlin.
313. „ von Liebert, Generalleutnant z. D., Exzellenz, Vorsitzender des Reichsverbandes gegen die Sozialdemokratie, Berlin.
314. „ von Roëll, Landrat z. D., Kammerherr, Herausgeber der „Neuen Politischen Correspondenz", Berlin.
315. „ Schweinburg, V., Herausgeber der „Berliner Politischen Nachrichten", Berlin.
316. „ Steinmann-Bucher, Herausgeber der „Deutschen Industrie-Zeitung", Berlin.
317. „ Strecker, Arthur, Dr., Herausgeber der „Deutschen Volkswirtschaftlichen Correspondenz", Berlin.

Entschuldigt haben sich:

Vom Direktorium:

318. Herr Jencke, Geh. Finanzrat, Dr.-Ing. h. c., Mitglied des Preuß. Staatsrats und der Sächsischen Ersten Kammer, Dresden.
319. „ von Rieppel, A., Baurat, Dr.-Ing. h. c., Generaldirektor der Vereinigten Maschinenfabrik Augsburg u. Maschinenbaugesellschaft Nürnberg, Nürnberg.

Von Mitgliedern:

320. Herr Ackermann, Friedr., Sentheim a. Neckar.
321. Adam & Co., Papierfabrik, Bruckmühl.
322. Herr Ammon, Adolf, Fabrikbesitzer, Augsburg.
323. „ Arnoldt, Carl F., Fabrikbesitzer, Rudolstadt.
324. „ Ashoff, W., Vorsitzender des Verbandes Deutscher Messingwerke, Altona.
325. „ Aust, Hermann, Kommerzienrat, Vorsitzender des Bayrischen Industriellen-Verbandes, München.
326. „ Auvermann, Fr., Fabrikbesitzer, Haspe i. W.
327. „ Baare, Fritz, Geh. Kommerzienrat, Bochum.
328. „ Bäthmann, H., Fabrikant landw. Geräte, Hornburg.
329. „ Berding, W. P., Kommerzienrat, Hannover-Linden.
330. „ Bibrach, Oberstleutnant a. D., Generalbevollmächtigter Sr. Exzellenz des Reichsgrafen von Hochberg-Fürstenstein, Wirschkowitz, Kr. Militsch.
331. Bismarckhütte, Bismarckhütte (O.-Schl.).
332. Herr Blöte, Joh., i. Fa. Lehmann & Co., Bremen.

333. Herr Böcking, Rud., Geh. Kommerzienrat, Vorsitzender des Vereins zur Wahrung der gemeins. wirtschaftl. Interessen der Saarindustrie und der Südwestdeutschen Eisen-Berufsgenossenschaft, Halbergerhütte b. Brebach.
334. „ Bourcart, Alfred, Fabrikant, Gebweiler.
335. „ Brauns, Bergdirektor für den Zwickauer Brückenberg-Steinkohlenbau-Verein, Zwickau.
336. „ Bremermann, Direktor des Norddeutschen Lloyd, Bremen.
337. „ Buz, Kommerzienrat, Augsburg.
338. „ Caro, Oskar, Geh. Kommerzienrat, Schloß Paulinum, Hirschberg.
339. „ Clauß, Ernst Stephan, Plaue b. Flöha i. S.
340. „ Clemm, Aug., Dr., Mannheim.
341. „ Clouth, Franz, Fabrikbesitzer, Cöln-Nippes.
342. „ von Cölln, Geh. Kommerzienrat, Hannover.
343. Corona, Fahrradwerk und Metallindustrie, Akt.-Ges., Brandenburg a. H.
344. Danziger Glashütte und Crystall-Sodafabrik, Danzig-Schellmühl.
345. Dessauer Zucker-Raffinerie, Dessau.
346. Deutsch-Oesterreichische Mannesmann-Röhren-Werke, Düsseldorf.
347. Dittmann & Neuhaus, Herbede i. W.
348. Herr Fürst Henckel von Donnersmarck, Neudeck.
349. „ Dubbers, Ed., Generalkonsul, Bremen.
350. „ Dulon, M., Kommerzienrat, Magdeburg.
351. „ Düwell, H., Direktor der Mechanischen Baumwoll-Spinnerei und Weberei Kempten, Kempten i. Bay.
352. „ Dyckerhoff, Kommerzienrat, Biebrich.
353. „ Eichler, F. O., Vorsitzender der Braunkohlen-Gewerkschaft Brockshöfe-Quolsdorf, Magdeburg.
354. Eicken & Co., Stahlwerke, Hagen i. W.
355. Eisenindustrie Menden und Schwerte, Akt.-Ges., Schwerte.
356. Herr Eisenlohr, Johannes, Kommerzienrat, Reutlingen.
357. Eisenwerk Wülfel, Wülfel.
358. Emmagrube, Biertulhau.
359. Herr Eppen, J. H., Winsen a. L.
360. „ Falck, Max, Fabrikbesitzer, Graudenz.
361. „ Föhr, Professor, Dr., Direktor des Friedrichs-Polytechnikums, Cöthen.
362. „ Frey, Max, Geh. Kommerzienrat, Mülhausen i. E.

363. Herr Frey, Joh. Bapt., Münchener Lodenfabrik Joh. Gg. Frey, München.
364. „ Fritsch, Direktor der Arnsdorfer Papierfabrik Heinrich Richter, Akt.-Ges., Arnsdorf.
365. Gabriel & Bergenthal, Warstein.
366. Herr Garvens, E., Ingenieur, Hannover.
367. „ Gebauer, E., Chemnitz.
368. „ Geck, J. D., Altroggen-Rahmede i. W.
369. „ Geißler, Ernst, Tuchfabrikant, Görlitz.
370. „ Gerlach, Gustav, Sekretär der Handelskammer Stolberg, Stolberg (Rhld.).
371. „ Giebeke, Hammerwerksbesitzer, Milspe.
372. „ Gräßner, Generaldirektor, Vorsitzender des Kalisyndikats, Leopoldshall-Staßfurt.
373. „ Grimm, Paul, Fabrikdirektor, Weltende b. Hirschberg.
374. „ Grunenberg, Dr., Generaldirektor, Vorsitzender des Niederschlesischen Kohlensyndikats und des Vereins für die bergbaulichen Interessen Niederschlesiens, Hermsdorf b. Waldenburg.
375. „ von Guilleaume, Th., Kommerzienrat, Mülheim (Rhein).
376. „ Gunkel, C., Geschäftsführer des Verbandes Deutscher Messingwerke, Cöln.
377. „ Guttsmann, John, Maschinenfabriken vorm. Gebr. Guttsmann und Breslauer Metallgießerei-Akt.-Ges. in Breslau, Grunewald-Berlin.
378. „ Hallbauer, J., Kommerzienrat, Lauchhammer.
379. „ Hartmann, Albert, Kommerzienrat, i. Fa. Paul Hartmann, Verbandstoff-Fabrik, Heidenheim b. Bremen.
380. „ Hauschild, Hohenfichte.
381. „ Hecht, Guts- und Ziegeleibesitzer, Neuhof b. Brandshagen.
382. Heckel & Nonnweiler, Saarbrücken.
383. Herr Heise, Professor, Bochum.
384. „ Herbst, Kommerzienrat, Triebes.
385. „ Hermeling, Jos., Bankdirektor, Essen (Ruhr).
386. „ Hirsch, Mitglied des Hauses der Abgeordneten, Syndikus der Handelskammer Essen, Essen (Ruhr).
387. Hochfelder Walzwerk, Aktien-Verein, Duisburg.
388. Herr Hönigsberger, A., Geschäftsführer des Verbandes Deutscher Roßhaarspinner, München.
389. „ Hofmann, Joh., i. Fa. Kretzscher & Liebe, Chemnitz.
390. „ Horstmann, Fabrikbesitzer, Pr.-Stargard.

391. Herr Hummel, H. T., Kommerzienrat, Hochheim a. M.
392. „ Jordan, Direktor der Baumwollspinnerei Kolbermoor, Kolbermoor.
393. „ Kärger, G., Maschinenfabrikant, Berlin.
394. „ Kamp, Kommerzienrat, Duisburg-Ruhrort.
395. „ Keindorff, Regierungsrat a. D., Generalbevollmächtigter des Fürsten von Pleß, Schloß Waldenburg.
396. „ Kirdorf, A., Geh. Kommerzienrat, Aachen.
397. „ Klamroth, Johannes, Rittergutsbesitzer, Britz, Kr. Angermünde.
398. „ Klemm, M., Kommerzienrat, Forst.
399. „ Klemme, Dr.-Ing. h. c., Bergassessor a. D., Generaldirektor, St. Avold.
400. „ Knoevenagel, A., Maschinenfabrikant, Hannover.
401. „ Koch, F., i. Fa. Schiffswerft von Henry Koch, Lübeck.
402. „ Kolb, M., Viersen.
403. Koellmann & Vorlaender, Gevelsberg i. W.
404. Herr Königsberger, Zellstofffabrik Akt.-Ges., Königsberg i. Pr.
405. „ Koswig, Max, Finsterwalde.
406. „ Krabler, E., Geh. Bergrat, Altenessen.
407. „ Kraemer, Generaldirektor der Rümelinger und St. Ingberter Hochöfen- und Stahlwerke-Akt.-Ges., St. Ingbert.
408. „ Küchen, Gerhard, Kommerzienrat, Mülheim (Ruhr).
409. „ Lange, Emil, Kaufmann, Haspe i. W.
410. „ Laue, Wm., Düsseldorf.
411. „ Laval, C., Fabrikdirektor, Magdeburg-B.
412. „ Liebold, B., i. Fa. B. Liebold & Co., Akt.-Ges., Holzminden.
413. Leonhardt Söhne, C. F., Crossen (Mulde).
414. Herr Lindgens, Adolf, i. Fa. Lindgens & Söhne, Mülheim (Rhein).
415. Lovis Söhne, Papierfabrik, Heiligenstadt (Eichsfeld).
416. Herr Luther, Robert, i. Fa. Gebr. Hahn Nachf., Königslutter.
417. „ Macco, Heinrich, Siegen.
418. „ Martini, Clemens, i. Fa. Martini & Co., G. m. b. H., Augsburg.
419. Mech. Weberei Zell i. W., Zell i. W.
420. Herr Meesmann, Geschäftsführer des Mittelrheinischen Fabrikantenvereins und Syndikus der Handelskammer, Mainz.
421. „ Merkel, Holzzellstoff- und Papierfabriken, Neustadt (Schwarzwald).
422. „ Meyburg, Eduard, Papierfabrik, Jülich.
423. „ Meyer, Albert, Rentier, Berlin.

424. Herr Meyer, Louis Ed., Bremen.
425. Firma Möller, K. u. Th., G. m. b. H., Brackwede.
426. Herr Müllensiefen, Th., Kommerzienrat, Crengeldanz.
427. Firma Müller & Helffrich, Mech. Buntweberei, Lörrach (Baden).
428. Herr Neubert, Benno, Dampfziegelei und Verblendsteinfabrik, Schartau b. Burg.
429. „ Niedt, Generaldirektor, Gleiwitz.
430. „ Oswald, W., Bergassessor a. D., Kommerzienrat, Vorsitzender des Vereins für die bergbaulichen Interessen Lothringens, Coblenz.
431. „ Peters, Franz, Rathenow.
432. „ Petzholdt, J. S., Maschinenfabrik, Döhlen-Potschappel.
433. „ Polko, Fritz, i. Fa. H. Polko, G. m. b. H., Bitterfeld.
434. „ Post, Alexander, Hagen i. W.
435. „ Reinländer, Carl, Fabrikant, Plettenberg i. W.
436. „ Remy, Bergrat, Lipine (O.-Schl.).
437. „ Rentzsch, H., Dr., Dresden-Blasewitz.
438. „ Rickel, Direktor, Harburg.
439. Rickmers Reismühlen, Rhederei und Schiffbau-Aktien-Gesellsch., Bremerhaven.
440. Roeßler, Gebrüder, Porschdorf.
441. Herr Rohland, Justitiar, Vorsitzender der Gewerkschaft „Wilhelmine", Elberfeld.
442. „ Roth, Ludwig, Bergwerksdirektor, Wiesbaden.
443. Rühmkorff & Co., F. G., Hannover.
444. Herr Rümelinger, St. Ingberter Hochöfen- und Stahlwerke-Akt.-Ges., St. Ingbert.
445. „ Schäfer, Düsseldorf.
446. „ Scheidtweiler, Regierungsrat a. D., Direktor der „Gutehoffnungshütte", Oberhausen (Rheinl.).
447. „ Schiele, Ernst, i. Fa. Rud. Otto Meyer, Fabrik für Heizungs- und Lüftungsanlagen, Hamburg.
448. „ Schill, Berlin.
449. „ Schlesinger, Adolf, Werdohler Stanz- und Hammerwerke, Werdohl.
450. „ Schlüter, H., Fabrikbesitzer, Neustadt a. Rübenberge.
451. „ Schmid, Th., W., Direktor, Hof.
452. „ Schniewindt, C., Neuenrade.
453. „ Schott, Kommerzienrat, Vorsitzender des Vereins Deutscher Portland-Cement-Fabrikanten, Heidelberg.

454. Herr Schrey, Regierungsrat a. D., Vorsitzender des Verbandes Ostdeutscher Industrieller und Generaldirektor der Waggonfabrik Danzig, Danzig.

455. " Schweizer, Viktor, Annaberger Button Works, Annaberg (Erzgeb.).

456. " Sedlmayr, Gabriel, Kommerzienrat, München.

457. " Servaes, A., Geh. Kommerzienrat, Vorsitzender des Vereins zur Wahrung der gemeinsamen wirtschaftlichen Interessen in Rheinland und Westfalen, des Vereins Deutscher Eisen- und Stahl-Industrieller und der Nordwestlichen Gruppe des Vereins Deutscher Eisen- und Stahl-Industrieller, Düsseldorf.

458. " Servais, Em., Ingenieur, Delegierter des Vorstandes der Weilenbacher Hütte, Weilenbach.

459. " Seutter, G., Direktor der Mechanischen Weberei am Fichtelbach, Augsburg.

460. Sieg-Rheinische Hütten-Akt.-Ges., Friedrich Wilhelmshütte a. d. Sieg.

461. Soeding & Co., G. m. b. H., Witten (Ruhr).

462. Herr Spaethe, Otto, Vorsitzender des Vereins Deutscher Musikwerkfabrikanten, Gera.

463. Spinnerei und Weberei Hüttenheim-Benfeld, Hüttenheim.

464. Herr Springorum, Ernst, Mitglied der Handelskammer Hagen, Schwelm.

465. " Stapenhorst, Bergrat, Altenessen.

466. " Stark, Kommerzienrat, Vorsitzender der Vereinigung Sächs. Spinnereibesitzer, Chemnitz.

467. " Stromberg, H., Altena.

468. " Tafel, W., Eisenwerk Nürnberg, Akt.-Ges., vorm. J. Tafel & Co., Nürnberg.

469. " Tecklenborg, Joh. C., Akt.-Ges. Schiffswerft u. Maschinenfabrik, Geestemünde.

470. " Tetens, D., Akt.-Ges. „Weser", Bremen.

471. " Thilo, Dr., Syndikus der Bergischen Handelskammer zu Lennep, Lennep.

472. Thonwarenfabrik Schwandorf, Schwandorf.

473. Herr Thyen, G. H., Schiffbau, Trockendock, Maschinenfabrik, Kesselschmiede, Brake.

474. Firma Thyssen & Co., Mülheim (Ruhr).

475. Herr Tornies, E., Krampenau.

476. Herr Ugé, Kommerzienrat, Vorsitzender des Vereins Deutscher Eisengießereien, Kaiserslautern (Pfalz).
477. Verein für die gemeinsamen Interessen des Hannoverschen Kalibergbaues, Hannover.
478. Vereinigte Fabriken landwirtschaftlicher Maschinen, vorm. Epple & Buxbaum, Augsburg.
479. Herr Verlohr, C., Direktor der Akt.-Ges. für Hüttenbetrieb, Meiderich.
480. „ Voltz, Dr., Mitglied des Hauses der Abgeordneten, Geschäftsführer des Oberschles. berg- und hüttenmännischen Vereins, Kattowitz.
481. „ Wachler, Dr., Oberbergrat a. D., Mitglied des Herrenhauses, Berlin.
482. Warsteiner Gruben- und Hüttenwerke, Warstein.
483. Herr Weber, Herm., Kommerzienrat, Vorsitzender der Handelskammer Gera, Gera.
484. „ Weißecker, Glasfabrik, Danzig-Langfuhr.
485. „ Wening, C., Fabrikbesitzer, Nürnberg.
486. „ Wenzel, Kommerzienrat, Leipzig.
487. „ Wessel, Carl, Geh. Kommerzienrat, Vorsitzender des Syndikats Deutscher Sodafabriken, Bernburg.
488. „ Winkhaus, Casp. Arn., Curthausen.
489. „ Winkler, Kommerzienrat, Fürth i. B.
490. „ Wiskott, Kommerzienrat, Dortmund.
491. „ Wolff, Generaldirektor der Oberschlesischen Eisenindustrie, Akt.-Ges. für Bergbau und Hüttenbetrieb, Gleiwitz.
492. „ Wurmstich, Geschäftsführer der Südwestdeutschen Eisen- und Stahl-Berufsgenossenschaft, St. Johann.
493. „ Zander, Crimmitschauer Maschinenfabrik, Crimmitschau.
494. „ Ziegler, G., Kommerzienrat, Direktor der Gutehoffnungshütte, Oberhausen.
495. „ Zoeppritz, E., Kommerzienrat, Stuttgart.
496. Zuckerfabrik Gartethal, Rittmarshausen.

Druck: Deutscher Verlag (Ges. m. b. H.), Berlin SW. 11.

FSC
www.fsc.org
MIX
Papier | Fördert gute Waldnutzung
FSC® C083411

Kolibri 360 GmbH
Ferdinand-Jühlke-Straße 7
99095 Erfurt, Deutschland
produktsicherheit@kolibri360.de